新时代教育高质量发展书系
XINSHIDAIJIAOYUGAOZHILIANGFAZHANSHUXI

# 家校共育

## 班主任家校共育经典工作法

吴盈盈◎著

中国大百科全书出版社　知识出版社

**图书在版编目（CIP）数据**

家校共育 ：班主任家校共育经典工作法 / 吴盈盈著.
-- 北京 ：知识出版社，2021.2
（新时代教育高质量发展书系）
ISBN 978-7-5215-0312-8

Ⅰ. ①家… Ⅱ. ①吴… Ⅲ. ①班主任工作—研究②学校教育—合作—家庭教育—研究 Ⅳ. ①G451.6②G459

中国版本图书馆CIP数据核字(2021)第018986号

**家校共育：班主任家校共育经典工作法**　　吴盈盈 著

| | |
|---|---|
| 出 版 人 | 姜钦云 |
| 出版统筹 | 张京涛 |
| 产品经理 | 王云霞 |
| 责任编辑 | 易晓燕 |
| 特约编辑 | 曾旭明 |
| 装帧设计 | 肖国旺 |
| 出版发行 | 知识出版社 |
| 地　　址 | 北京市西城区阜成门北大街 17 号 |
| 邮　　编 | 100037 |
| 电　　话 | 010-88390659 |
| 印　　刷 | 阳信县卓越盛达印务有限公司 |
| 开　　本 | 710mm×1000mm 1/16 |
| 印　　张 | 15 |
| 字　　数 | 181 千字 |
| 版　　次 | 2021 年 2 月第 1 版 |
| 印　　次 | 2023 年 3 月第 4 次印刷 |
| 书　　号 | ISBN 978-7-5215-0312-8 |
| 定　　价 | 40.00 元 |

# 序

教育是关乎千家万户的事业，任何一个社会，都需要教育思想的引领。时代在变，教育也在变。然而，变中也有“不变”，所以，我们要对教育进行哲学的思考，只有搞清楚了哪些需要变，哪些不能变，才能真正做好教育。而教育的本质是什么，什么是好的教育，理想的教育是什么样的，这些最基本的教育问题应是教育哲学思考的源头。只有弄清楚这些最基本的问题，我们才能找到正确的方向，办出有质量的教育。

教育是培养人的事业，是一个通过培养人让人类不断走向崇高、生活更加美好的事业。因此，教育最重要的任务是塑造美好的人性，培养美好的人格，使学生拥有美好的人生。如何达成这样的目标？那就需要一批有理想、有情怀、有追求、有实干精神的校长和教师，用自己的青春和智慧去践行。而在现实中，也确实有这样一群人，他们热爱教育事业，关爱每一个学生，一步一个脚印，用脚去丈量教育，用心去感受教育，用智慧去点亮教育。

如何将这样一群人聚在一起，用他们的智慧去影响更多的教师？

中国大百科全书出版社、知识出版社策划出版了“新时代教育高质量发展书系”，进行了可贵的探索。他们在全国范围内汇聚了60名优秀的教育工作者，这些教育工作者大多是扎根教育一线的优秀校长和教师。书中的经验、实践、体会和思想，既有教学的艺术，也有管理的智慧；既有育人的技巧，也有师德的弘扬；既有教师的发展思考，也有校长的成长感悟；既有师生关系的融通之术，也有家校关系的弥合之道。60本书，60个点，每一个点都是一门学问，一门艺术。

我今年给“新教育”的同人写过一封新年信，题目是“让教育沐浴人性的光辉”，从三个方面对教师的工作提出了建议。我也把这三条建议送给这套丛书的作者和读者朋友。

一是要善待我们自己。要珍惜时间，张弛有度，让人生丰盈；发现教师职业魅力，做一个善于享受教育生活的人；培养健康的爱好，做一个有生活情趣的人；与学生一起成长，做一个在教育过程中不断进取的人；不断挑战自我的最高峰，做一个创造自己生命传奇的人。

二是要善待学生。要把学生作为一个真正的人看待，让学生能够张扬自己的个性，发挥自己的潜能，成为更好的自己。在我们教室里的学生，首先是活生生的生命。我们应该从生命的角度考虑，首先是如何帮助他成为一个人，一个有理想、有激情、有智慧的人，一个能够适应社会并且受人欢迎的人，一个挖掘自身潜能、张扬不同个性的人。

三是要把教育的温暖传递给社会。许多问题，归根结底是教育的问题。尽管我们任何一个人，作为个体的力量都是有限的，但是，再渺小的个体，也能够温暖身边的人。所以，我们要让所有和我们相遇的人，都能够感受到我们的美好和温暖，这也是让人与人之间，让全社会变得更美好、更温暖的有效方式。

有人性的人是明亮的，有人性的教育是光明的。让教育沐浴人性的光辉，我们的今天将会更加幸福，我们的明天将会更加美好，我们的世界将会因此璀璨。

是以为序。

朱永新

2020年5月1日

# 目　录

# 第一章

## 家庭教育总述

# 第一节　中国的家庭教育

中国是一个有着漫长历史的文明古国，中国的家庭教育思想源远流长。在中国几千年的文明史和教育史中，留下了极为丰富、极具教育意义的家庭教育典籍，更留下了优良的家庭教育传统。随着中国经济、文化的快速发展，家庭教育也日益受到全社会的重视。新时期的中国人民，以当代的家庭教育实际为具体出发点，把继承本民族的优良传统与借鉴其他国家的先进经验相结合，开创了具有中国特色的家庭教育新局面。

## 一、中国家庭教育的优良传统

探讨中国家庭教育的优良传统，一方面要对论述中国家庭教育的相关历史典籍进行探讨和研究，另一方面也要对民间流传下来的家庭教育思想和相关的家庭教育实践进行研究和考量。家庭教育的思想一般散见于多种文化典籍之中，《管子》《韩非子》《礼记》等早期典籍中都可看到关于家庭教育的相关思想，各个历史时期又都有专门的教育著作，如《诫子书》《教子言》《家训》等。在现代，这些家庭教育的论述一般由专家进行整理编辑，以“名人家训”的方式出版。民间的家庭教育思想与这些典籍之间有着必然的联系，大多通过“言传身教”的形式传播，有的被写进普及性启蒙读物中，如《三字经》《弟子规》《小儿语》等，更加通俗易懂。由于中国有数千年封建社会历史，因此其家庭教育思想必然会在一定程度上带有反映封建伦理道德的内容，这就需要我们对其进行批判地继承。清朝末期和二十世纪初，随着中西文化的交流与碰撞逐渐增多，中国的家庭教育思想也开始吸收西方的有益内容，取得了新的发展。中国的优良家庭教育传统主要有以下几个方面。

（一）高度重视早期教育

中国历来重视早期教育。西汉文学家贾谊的《新书·胎教》中，对周成王的母亲注意胎教的事情进行了详细记录。孔子曾言："少成则若性也，习惯成自然也。"由此可见早期教育的重要性。南北朝时期的教育家颜之推分析了进行早期教育的理由："人生小幼，精神专利，长成已后，思虑散逸，固须早教，勿失机也。""当及婴稚，识人颜色，知人喜怒，便加以教诲，使为则为，使止则止。"这些话的意思是：孩子在小的时候，精神容易专一，长大成人，思想散漫，不容易集中，所以必须抓紧进行早期教育，不要失去良机。孩子在婴幼儿时期，可以识别人的喜怒，要及时进行教育，叫他做，他便做，叫他不做，他就不做。

在民间，也流传着许多关于早期教育的名言和谚语，如古语"三岁之魂，百岁之才"，是说三岁孩子的精神面貌，就是将来成才的基础。现在，民间广泛流传着"三岁看大，七岁看老"的说法，这也是强调早期教育的重要性。为了普及早期教育，我国古代先哲们编写了许多供低幼龄孩童学习的启蒙读物。如《三字经》《百家姓》《千字文》《小儿语》《续小儿语》《神童诗》《弟子规》等。从这些启蒙读物中，我们可以窥见早期教育的重要性。如《三字经》中说："人之初，性本善，性相近，习相远。苟不教，性乃迁……"意思是：孩子刚刚出生的时候，本性是善的；本性虽然相似，但通过学习会产生很大的差别；如果教育不及时，他的本性就会改变。书中还明确地教育儿童："子不学，非所宜，幼不学，老何为？"（小孩子不学习是不应该的，年幼的时候不学习，长大后能有什么作为呢？）在中国，这些教育思想得到广泛推崇，几乎人人都耳熟能详。

（二）高度重视道德教育

中国的家庭教育历来主张以德育人，把道德教育放在首位。在家庭教育的相关文献中，在民间继承并实践的传统中，都有对孩子的理想和志向教育，忠孝教育，以及勤劳节俭、自立自强、团结友爱、爱国奉公、向善自律等多方面道德教育的成功案例。

三国时期的著名政治家诸葛亮对家庭教育有着非常深刻的认识，他主张应该使孩子养成宁静、淡泊的性情，应注重孩子自身修养的提升，还强调了立志在人成长中的重要性。在他的家庭教育著作《诫外甥书》《诫子书》中留下了千古传诵的教育名言“志当存高远”“非淡泊无以明志，非宁静无以致远”“才须学也，非学无以广才，非志无以广学”。他对于成才、立志、学习三者的关系，有着十分明确的认识。他在《诫外甥书》中，清楚地表述了教育孩子成人成才的基本规律：立志—磨炼意志（“忍”“屈”“伸”）—学习和调查研究（“广咨问”“非学无以广才”）—克服自身缺点（“除嫌吝”）—经受挫折（“淹留”）—走向成功。从他的表述中可以看出，立志、磨炼意志、克服自身缺点、经受挫折，归根结底都是在讲道德修养问题。由此可见道德修养在人的成长过程中起着非常重要的作用。

道德教育的核心问题是磨炼意志。古代思想家孟子对于培养人才要磨炼意志、培养能力进行了相关论述：“天将降大任于是人也，必先苦其心志，劳其筋骨，饿其体肤，空乏其身，行拂乱其所为，所以动心忍性，增益其所不能。”这段话的大意是：一个人将来要承担大的社会责任，必须让他的心理、意志经受痛苦的磨炼，身体的筋骨经受劳累，忍受饥饿，身体感到空乏，他想要什么，不能让他轻易达到目的。因此要让他思想活跃，学会忍耐，增长多方面的能力。

《三字经》等读本则直接以通俗的语言和实例对孩子进行道德教育。如“玉不琢，不成器，人不学，不知义”“尔小生，宜立志。莹八岁，能咏诗，泌七岁，能赋棋。彼颖悟，人称奇，尔幼学，当效之。”强调了只有通过学习，才能知晓道义。另外，还要从小立志，向榜样学习。

在家庭教育的相关传统中，对于社会公德（如“勿以恶小而为之，勿以善小而不为”）、家庭美德（如孝敬父母，重视家庭伦理关系）、职业道德（如“修身、齐家、治国、平天下”）都有着明确、具体的教育要求。而且，尤为强调爱国主义教育，像宋朝爱国将领岳飞的母亲为了激励儿子抵抗外族侵略，在他的后背刺上“尽忠报国”四个字，这是家喻户晓的爱国主义教育故事。

当然，中国曾经长期处于封建社会，许多道德规范难免带有浓厚的封建色彩，这就要求我们在继承的同时也要学会扬弃。

（三）高度重视家长的示范作用

中国传统文化中非常重视上级对下级、官对民、父母对子女的示范作用，历来对清正廉洁的官吏称颂有加，对身先士卒的军官特别赞赏，同样，对以身作则、给孩子做出榜样的父母大加褒奖。

父母和长辈对孩子的示范作用主要表现在三个方面：第一，要求孩子做到的事情，自己首先要做到；第二，承诺孩子的事情要兑现，不能欺骗孩子；第三，家长要勇于承认自身的错误和缺点。只有做到这几点，家长才能树立起威信，孩子才能接受家长的教诲。

**【案例】**

古代教育家孔子有一个学生叫曾参。有一天，曾参的妻子要上街去买东西，小儿子拉着她的衣襟又哭又闹。曾参的妻子被闹得没办法，就对儿子说：“你留在家里，妈妈回来杀猪给你吃。”

孩子听说过一会儿有猪肉吃，就不闹了。傍晚时候，妻子从街上回来，看见曾参拿着绳子在捆猪，旁边放着尖刀，正在准备杀猪。妻子赶忙制止说："我刚才是跟孩子说着玩的，不是真的要杀猪呀。"曾参说："我们不能欺骗孩子，孩子小，什么也不懂，只会学父母的样子，听父母的教训。今天你说话不算数，骗了孩子，就是在教孩子说假话。再说，母亲骗了孩子，孩子觉得母亲的话不可信，以后他就不会相信母亲了。这样做，对家庭教育是很不利的。"妻子觉得丈夫说得有道理，应该取信于子，就支持丈夫把猪杀了。

（四）重视环境对孩子的影响和熏陶作用

"近朱者赤，近墨者黑"是中国传统教育思想的精髓之一。在家庭教育中，家长在对孩子进行教育时尤其要注意一点。这一思想在《颜氏家训》中有非常明确的表述。书中写道："人在年少，神情未定，所与款狎，熏渍陶染，言笑举动，无心于学，潜移暗化，自然似之。""是以与善人居，如入芝兰之室，久而自芳也。与恶人居，如入鲍鱼之肆，久而自臭也。"这两段话的意思是：人在少年时期，思想还没有定型，和所结交的朋友亲密接触，互相熏陶浸染，虽然没有有意地去学习对方的言笑举止，但是潜移默化，自然就相似了。因此和善人住在一起，就像进入种满兰花的房子，时间久了，自己也有了兰花的芳香；和坏人住在一起，就像进入卖鲍鱼的市场，时间久了，自己也变臭了。这些思想对小孩子会受环境影响和熏陶的客观规律进行了非常深刻的表述。

**【案例】**

战国时期著名思想家孟子三岁丧父，母亲勤劳贤德，严格教育孟子，期望他成人成才。他家住在墓场附近，孟子贪玩，经常与小朋友一起玩送葬扫墓的游戏。孟母觉得这个地方对孩子的成长特别不利，于是就搬了家。新居靠近市场，邻居是屠户，孟子整天迷恋于模仿屠宰的游戏。母亲感到这里也不是久居之地，于是又搬了家。这次搬到了学校附近，接触的是读书人，听到的是读书声，孟子也日渐学着读书行礼了。孟母高兴地说："这才是适合我儿子住的地方啊。"

为孩子的健康成长创造良好的环境条件，是家庭教育的重要内容。

（五）主张教育子女要严慈相济

在中国传统家庭教育思想中，一贯强调教育孩子时只有爱是不行的，还必须严格要求，要把"爱"与"严"很好地结合起来。《颜氏家训》中提出："父母威严而有慈，则子女畏慎而生孝矣。"意思是说，父母在孩子面前既威严又慈爱，子女就会言行谨慎，孝敬父母，听从父母的教诲。同时，《颜氏家训》还提出，父母对孩子要掌握好严与爱的分寸，不能过于严厉，亦不能过于随便。

宋代的司马光曾在《家范》中说："为人母者，不患不慈，患于知爱而不知教也。"（对做了母亲的人，我们不担心她对孩子不慈爱，担心的是她只知道慈爱而不知道怎么教育。）"夫爱之，当教之使成人。"（爱孩子，就应当教育孩子，使他成人成才）。司马光在《家范》中引述了许多古代名人既爱子女又严格教育使子女成人成才的例子，供父母参考。

中国家庭里有努力实践严爱结合的教育传统。民间流传的"严是爱，松是害，不管不教会变坏"的俗语就是这种教育思想的反映。那些成功教育子女的家庭，其经验多为严爱结合。

但是，我们也必须注意到，中国封建社会教育中的体罚现象往往会使“严”的尺度难以把握。因此，直到现在，在个别家庭里，严得过分，甚至体罚孩子的现象还依然存在。当然，过分溺爱是更为普遍的问题。因此，要想发扬严爱结合、严慈相济的家庭教育传统，需要更为细致的宣传普及工作。

## 二、当代中国家庭教育研究与家庭教育科学知识普及的概况

### （一）普遍建立家庭教育研究组织，开展家庭教育研究

20 世纪 80 年代初，北京成立了全国第一个家庭教育研究会，组织开展家庭教育研究。随后，其他省区市也陆续成立了家庭教育研究会。1989 年，中国家庭教育学会成立，在全国开展家庭教育的研究与普及工作。该组织的会员中有很多研究家庭教育的专家。目前，许多县级的地区也成立了家庭教育研究会。虽然它们只是群众性的学术团体，但在推进中国家庭教育研究和科学普及等方面发挥了至关重要的作用。

各省（自治区、市）的教育科研院所也相继成立了研究家庭教育的专门机构。例如，北京教育科学研究院基础教育科学研究所建立了家庭教育研究中心，上海教育科学研究院建立了家庭教育研究所，江西教育科学研究所建立了家庭教育研究室。这些机构承担着国家级、省（自治区、市）级家庭教育研究课题，使家庭教育研究工作逐渐深化。

### （二）幼儿园、小学、中学普遍建立家长学校

家庭教育研究主要是应用性研究，主要特点是研究与普及相结合，理论与实践相结合。家庭教育的实质是对家长进行教育以提高家长的家庭教育水平，这就要求我们必须为家长提供学习家庭教育科学知识的机会。开办家长学校是中国教育改革中的一个创举。现在，中国的城市和乡村都遍布着家长学校，有的家长学

校由学校举办，有的家长学校由社区举办，有的家长学校则由社会团体举办，形式多种多样。

（三）充分利用大众传媒普及家庭教育科学知识

当今社会正处于信息时代，大众传媒越来越发达，为普及家庭教育科学知识提供了越来越多的机会和日益良好的条件。

从20世纪80年代以来，有关家庭教育的报刊、书籍日益增多。改革开放初期，每年只出版几十种家庭教育书籍，现在每年出版上千种，宣传家庭教育的报刊更多。电台、电视台也都开办了家庭教育的专题节目。计算机和互联网的发展为家庭教育的普及提供了更多机会，许多网站都开设了家庭教育专题版块。

（四）开展家庭教育咨询活动

家庭教育的一个重要特点是它的个案性，每个家庭的具体情况各不相同，每位家长最关心的都是自己子女的教育问题。因此，开展家庭教育咨询活动以满足家长的个别需要是必要的。目前，这种咨询活动在大中城市已逐步开展，开始出现普及的趋势。

家庭教育咨询的形式主要有四种。第一，电话咨询。由家庭教育研究组织设置热线电话，在传媒上公布，由家庭教育专家接听电话，解答家长的具体问题。第二，设立咨询室。由家庭教育研究组织在专门的地点展开咨询活动，家长可以自己来，也可以带着孩子一起来，由专家给予具体的指导。第三，利用节假日进行群众性的咨询活动。比如，可以在儿童节时于公园和其他公共场所组织专家为广大家长服务。第四，在电台、电视台的节目中回答家长提出的问题。

综上可见，当代中国的家庭教育科学研究与科学普及工作是密切结合的，这体现了教育科学研究为决策服务、为教育实践服务的宗旨。

## 三、家庭教育研究与科学知识普及的发展趋势

家庭教育研究主要是应用性研究，其直接或间接为家庭教育实践服务。中国家庭教育研究与科学知识普及有以下趋势。

第一，发展实验研究。

以往的家庭教育研究多以调查研究为主，还有一些文献研究，实验研究很少。今后会发展不同学段、不同角度的实验研究，因为家庭教育具有很强的实践性和时代性，只有通过实验研究，才能更好地探索具有时代特点的家庭教育的规律。

第二，优良家庭教育传统的研究。

如前所述，目前虽然已有人对中国优良家庭教育传统的文献进行整理、筛选和编辑，并进行初步的研究，但还缺乏较为深入的研究。过去的文献有明显的时代局限性，必然带有时代的烙印，既有符合规律的，也有违背规律的，必须进行必要的扬弃。

第三，加强比较研究。

各个民族、各个国家的家庭教育都有其自身的特点，也都有其自身的局限，进行比较研究，可以扬长避短，互相学习，互相借鉴，使研究的成果成为全人类的共同财富。

第四，加强个案研究。

古往今来，有许多成功的家庭教育个案，也有许多失败的家庭教育个案。对不同类型的个案进行研究有利于对成功家庭教育的规律进行探索。目前已经形成文字的个案不少，但如何通过对这些个案的综合研究，总结普遍性的规律，并加以推广，供广大家长借鉴，则需要更多的研究者付诸努力。

第五，进一步扩大规模。

家庭教育科学知识的普及与指导工作，主要集中在大中城市

和经济发达的地区。广大农村，特别是经济落后的地区则比较薄弱。这是不容忽视的问题。家庭教育研究机构应发动经济发达地区的家庭教育工作者，以不同方式对落后地区进行家庭教育工作的智力支持，如开办讲习班，对落后地区指导家庭教育的师资进行培训；还应编写适合这些地区的普及家庭教育知识的书籍，广为发放；等等。

## 第二节　家庭教育中的特点

高度重视家庭教育已成为当代世界性的趋势。一方面，随着社会的发展，许多新的影响青少年儿童发展的因素也随之出现，这些因素错综复杂；另一方面，社会生活对人的素质提出了越来越高的要求。爱子女、期望子女有一个更加美好的未来是天下父母的共同愿望，因此，随着社会的发展，今天比以往任何时候都更加重视家庭教育。

由于社会变化、子女数量、家长素质等多方面原因，当代的家庭教育呈现出许多新的特点。

### 一、情感因素冲淡理智因素

一位专家曾说过："爱的方式的选择，将决定孩子未来的命运。"教育是一种理性行为，一旦情感因素占了上风，理性就会被淡化，家长的教育行为就会有盲目性和随意性。

我们举一例说明这种情感淡化理性的现象。孝敬父母是中华民族的传统美德，每位家长都应教育自己的孩子从小孝敬父母，事实上如何呢？高二某班共有学生 48 人，在一次班会上，班主任让他们写出自己父母的生日，有 27 人交了白卷。连自己父母的生日都不知道，他们所谓的"孝敬"肯定要打折扣了。很多学生在家很少主动帮助父母干活，饭来张口、衣来伸手；许多家庭只给孩子隆重过生日，而父母根本不过生日。孩子处于家庭的核心地位，被超量的爱包围着。这导致他们只知受爱，不知爱人；生理发展超前，心理成熟滞后；消费超前，道德滞后；依赖性太强，能力太弱。

## 二、家长缺乏教育方法

近些年来，许多教育工作者和社会工作者围绕家长对子女的期望状况这一问题调查发现，90%左右的小学生家长期望孩子能上大学，成为有知识、有专长的人才。中学生家长的这种期望在发生变化，由对孩子“高期望”变为“失望”的也不在少数。这一现象也说明家长们对成才的认识有许多片面性。

家长们如何教育和培养自己的孩子“成才”呢？相当多的家长采取的方法并不符合教育规律。如每天批评、训斥，骂孩子笨、没出息，不如别的孩子；在家只许念书、做作业，不许玩儿；活可以不干，念好书就行；以分数高低定奖惩；盲目地请家庭教师，不从实际出发，花高价“买”学上；等等。在这些家长的头脑里，有一个顺理成章的公式：高分数 = 高知识 = 大学 = 人才。只重视学习，忽视其他，这显然会对孩子的健康发展产生不利影响。

上述情况，一方面反映出许多家长没有树立正确的人才观；另一方面也反映出许多家长没有掌握家庭教育的基本规律和方法。这就为我们指导家庭教育提出了新课题。

## 三、家长教育意识增强，但时间精力不够

这是当代家庭教育中的一个大问题。过去家长基本上采用粗放式的方法来教育孩子。而当今社会竞争日益激烈，对人的素质也提出了越来越高的要求，家庭教育不“精耕细作”是绝对不行的。当然，仍然有部分家长教育意识淡薄，需要班主任去帮助他们提

高教育意识，掌握科学的教育方法，班主任应该看到他们所面临的矛盾，有针对性地加强指导。

许多家长在喊：“教育孩子太累。”本来，家长们为工作和生计奔波已经很累了，再加上经验不足，如果孩子的表现不能令家长满意，身体的累加上心理的累，实在难为家长们了。

有些家长整天为工作奔波而没时间教育孩子，其中，有相当一部分家庭的孩子在家“留守”。这些家长也希望自己的孩子成才，于是花钱让孩子寄宿在亲友家或把孩子送私立学校。这些孩子的家庭教育是欠缺的。

还有一种情况值得重视。在家庭教育中，母亲承担了超量的责任。就多数家庭来说，母亲对孩子教育的关注和投入的时间、精力大大超过了父亲。父母应该共同承担起教育孩子的责任，如果父亲投入的时间和精力很少，不但会加重母亲的负担，而且会影响教育的效果。

在当今社会竞争日益激烈的情况下，家长教育子女的时间和精力不够是客观事实。班主任要指导家长合理安排时间，多与孩子接触，在共同生活与活动中发挥教育影响力。必要时应牺牲一些经济利益。

### 四、社会影响因素多而杂，家庭教育的可控性减小

当今社会正处于信息时代的巨大潮流中，改革开放和市场经济的发展带来了巨大的信息洪流。面对铺天盖地的信息，孩子们很难对其进行鉴别和筛选，可能受到积极影响，也可能受到消极影响。与信息渠道单一、封闭性极强的时代相比，今天信息渠道的广泛性使孩子与家长之间出现了很大的信息差，孩子看到、听到、经历的，家长可能全然不知或知之甚少，这在一定程度上造成了沟通和施教上的困难。

孩子与家长之间的信息差在幼儿园和小学阶段尚不明显，到了中学，随着孩子视野和活动范围的扩大，这种信息差也随之越来越大。有的中学生甚至由此看不起自己的家长。

班主任在指导家庭教育的过程中，要正视这些情况，把对学生的教育和对家长的引导结合起来，要从本地、本校实际出发，创造有效的方法，从而帮助家长与孩子进行积极有效的沟通。

### 五、单亲家庭增加，家庭教育出现新的难题

许多调查说明，单亲家庭的孩子存在一些不同于双亲家庭孩子的特点，这些特点与家庭的影响分不开。单亲家庭难以全面发挥家庭教育的功能，母亲不能代替父亲，父亲也不能代替母亲。每个单亲家庭的母亲（或父亲）的心理状态各不相同，从而会产生不同的教育行为，最终会对孩子的人格发展产生影响。

对单亲家庭孩子进行教育时，家长需要更细心、更谨慎，因为这些孩子心理敏感，容易受到伤害。

以上我们讨论了当代家庭教育的几个基本特点，不同地区、学校还会有其他值得重视的特点，对此应该认真调查、仔细分析，以便更有针对性地指导家庭教育。

## 第三节　家庭教育中的误区

### 一、家庭教育中的随意性

随意性是家庭教育中的一大弊端。家庭教育应是一种理性行为，但是很多家长在进行家庭教育时是盲目的。如果向一些家长谈家庭教育的计划性，他们反而会觉得很奇怪。

许多家长在进行家庭教育时往往是被孩子的“问题”牵着走。孩子出了问题，比如成绩不好、犯了错误、毁坏东西等，家长必

定会对其进行一番教育；如果孩子平安无事，家长就会放松教育这根弦。也有的家长仅仅按照自己的意愿去教育孩子，按照自己的想法设计孩子的未来，完全不顾孩子的感受，总是一厢情愿，甚至填报志愿（中考、高考）都包办代替。但随意性的教育往往事与愿违。

在指导家庭教育时，班主任应向家长强调计划的重要性，讲清随意性教育的危害，要将计划性与科学性统一起来，按规律办事。家长按主观意愿制订的计划往往带有随意性，班主任要说服这些家长从实际出发，按规律办事。

家庭教育计划不同于学校教育计划，应体现家庭的特点。制订家庭教育计划必须以三个方面为依据：首先是孩子自身的实际，每个孩子的思想品德、学业、性格、身体、兴趣、特长都各不相同，家长必须对孩子的情况进行全面分析；其次是同龄孩子的普遍生理、心理特点及发展趋向；最后是学校与班级以及社区的教育计划、教育要求。

家庭不是学校。家庭教育的着眼点是促使孩子素质得以全面提升，重点是品德教育及良好习惯的培养。“做人”的教育是基础性的内容，通过这种教育，家长可以帮助孩子提升学业水平，促进其智力发展。在辅导孩子学习方面，大多数家长尚未掌握具体的学科指导方法和策略，应该把重点放在端正孩子的学习态度以及培养孩子的学习习惯上。在指导家长制订教育计划时，班主任要注意方向的引导。

## 二、家庭教育中的口头说教

许多家长认为家庭教育就是对孩子进行“说教”，把“言教”作为家庭教育的唯一方式或主导方式，这显然陷入了一个误区。

家庭教育的一个重要特点是它的渗透性，即将教育渗透在日常家庭生活中。要想提高家长的教育意识，就应该要求家长重视这种渗透性。家庭教育是“言教、身教、境教”的结合，三者缺一不可。“言教”应是启发性的说服教育，不是随意的批评、训斥。有些家长缺乏耐心，主要采取批评、责备的方法，这肯定不会带来好的效果。“身教”是指家长的示范性教育，即处处给孩子做出好榜样，使孩子敬佩、信服自己。有些家长只管孩子，却放任自己，要求孩子的自己反而做不到，甚至背道而驰，这样的家长只能给孩子带来不良的影响。“境教”指环境教育，即创造有利于孩子身心健康成长的环境。家庭环境可以分为精神环境（智力环境、道德环境、人际关系环境）和物质环境。当前，一些家庭注重物质环境、忽视精神环境的倾向为家庭教育带来了许多消极影响。

班主任必须给家长讲清道理，指导并帮助家长在进行家庭教育时走出单纯说教的误区，其中，应该讲清孩子的表现与家长的行为之间的关系，避免家长犯“归因”错误，一味地指责孩子，不检讨自己。班主任要在“言教、身教、境教”相结合的基础上，向家长们传授一些具体的方法。

### 三、家庭教育中的“不一致”问题

家庭教育中的“不一致”现象普遍存在。父亲和母亲可能出现不一致，父母与祖辈可能出现不一致，祖辈之间也可能出现不一致。这种“不一致”现象有的反映在教育思想上，有的反映在教育内容上，有的反映在教育途径和方法上。据笔者调查，当前家庭教育中的“不一致”现象主要表现在两个突出的问题上，一是管教方法，二是孩子的花钱问题。两个问题实质上反映出教育思想不统一。

班主任要从实际出发，讲清“不一致”可能造成以下危害：

一方面，孩子会左右为难，不知听谁的好；另一方面，孩子可能会不辨是非，只是选择听从对自己“有利”的一方。此外，家长的教育不一致，还可能引起孩子的烦恼情绪。同时，要讲清教育合力的重要意义，因为教育合力是孩子进步的重要保证。

定期或不定期召开家庭会议是统一家长教育思想、教育方法的重要举措。许多家长对此并不重视，甚至持否定态度。班主任可以请在这方面做得好的家长畅谈经验，应该提醒家长，当家庭成员面对孩子的问题出现不一致时，切莫争吵，首先要冷静下来，然后再讨论该如何去做，还要提醒家长，为了形成家教合力，家长们可以学习一些有关家教的理论知识，必要时可以请教专家和教师。

## 四、孩子的心理健康指导问题

加强心理健康指导，不仅是学校教育的重要工作，也是家庭教育不可忽视的任务。目前，要求所有家长都能对孩子进行心理健康指导是不现实的，但让家长明白孩子在成长过程中存在心理健康问题并引起高度重视是必要的。

据调查，当代有很大一部分中小学生存在着不同程度的心理健康问题，学校、家庭如果没有共同配合做好学生的心理健康指导工作，那么将严重影响他们的健康成长，甚至带来无法挽回的损失。

班主任在指导家庭教育时，要向家长讲清什么是心理健康，它具体包括哪些内容。让家长明白孩子身上显露出来的问题不全是思想认识、道德习惯、学习态度方面的问题，还包括心理健康方面的问题，家长应该全面了解孩子，理解孩子。近年来，由于一些家长不了解孩子的心理，采用错误的方法处理问题，导致孩子心理严重失衡，以致出走、自残、自杀、杀人。这样的案例层出不穷。班主任要特别提醒家长应细心观察孩子的言行，一旦发现问题，要及时采取疏导措施。家长遇到自己无法解决的问题，要尽快与教师联系或请教专家，共同商量解决办法。孩子心理疾患严重的，要动员家长请心理医生进行诊治。

## 五、家庭教育中的劳动教育薄弱

目前，家庭教育中劳动教育薄弱。现在的很多学生没有树立正确的劳动观，没有形成良好的劳动习惯，对劳动缺乏正确的认识，不珍惜来之不易的劳动果实，由此又引发出其他方面的道德欠缺，如不尊重他人劳动，不懂得艰苦朴素，一味追求享乐安逸，等等。有的学生在学校里劳动还算积极，但回到家里就成了名副其实的“懒虫”。

热爱劳动的品质只能通过教育和实践来培养。学校在加强劳动教育的同时，也应要求家长重视劳动教育。班主任应该向家长讲清劳动教育在孩子成才过程中的重要意义，可以请家长安排孩子做些力所能及的家务，而且须明确要求，持之以恒。此外，家长还应教育孩子积极参加学校的集体劳动和社区的公益劳动。对有些家长用劳动惩罚孩子或用金钱奖励孩子进行劳动的举措要根据具体情况做具体分析，这些方法运用不当往往会背离劳动的目的和初衷，从而造成不良的后果。

## 六、孩子的超消费现象

一些学生的消费行为有“过头”的现象。例如，有的学生过生日请客一次花去上千元，有的学生盲目追求名牌服装、名牌鞋，有的学生借各种名义去饭馆聚餐等。

小学中年级以后，孩子渐渐进入了主动消费阶段，一旦养成了超消费的习惯，有百害而无一利。出现超消费现象，既存在社会原因，也有家庭和学生本人方面的原因。消费行为中的从众心理、攀比心理、炫耀心理、喜新厌旧心理、享乐心理、追求时髦心理往往助长了超消费现象的发展。一些家长对孩子过分疼爱、娇生惯养也是不容忽视的原因。

对学生消费方面的指导，需要学校和家庭共同努力。首先，要加强学生正确的消费观教育。一般地说，消费分为三类：生存性消费、发展性消费和享乐性消费。对于学生来说，必须限制享乐性消费。现在，虽然人们收入不断增加，生活水平不断提高，但“节俭”的传统美德不能丢。要教育孩子懂得量入为出、合理消费、学会积累，要把消费行为与自己的身心健康联系起来。其次，要给予学生具体的消费指导，如，该买什么不该买什么，怎样比较价格，花钱要有计划，怎样储蓄等。最后，要给学生树立勤俭的榜样，特别是学生中的榜样。

## 七、家庭教育中的重智轻德，重知轻能

家长理应重智，但不能轻德。重智轻德现象产生的根本原因还在于许多家长把知识与智力完全等同起来，只重视知识的学习，而轻视能力的培养。

根据一项调查发现，家长对德与智的一般认识还是正确的，问卷中选择“从小注意孩子德、智、体、美、劳全面发展”的家长占85%左右，而选择“智力开发最重要”的不足10%。然而，当把德、智、体、美、劳的若干内容排列在一起，请家长选择“最需要哪些方面的教育培养”时，选择人数排在前三位的依次为学习方法、学习习惯、学习态度。可见家长实际关注的重点仍然是学习。

据此，在家庭教育指导中，班主任应该引导家长清楚认识成人与成才的关系，德育与智育的关系，德育的导向、动力、激励作用，学习知识与培养能力的关系，等等。家庭教育的重点一定要放在

教育孩子学会做人方面，指导孩子发展自我意识和提升自我教育能力，树立远大理想，培养责任意识和责任感，引导孩子把今天的努力与将来为社会、为祖国做贡献联系起来。在日常生活中，应注重培养孩子的动手能力、交往能力、社会适应能力、自我保护能力等多种实际能力。

上面分析了家庭教育中的几个主要误区及指导家长走出这些误区的基本思路。实际上，家庭教育问题很复杂。在指导中，班主任应启发家长联系实际，合理认识自己在教育过程中的问题，并采用综合方法去解决，避免“头痛医头，脚痛医脚”的现象。此外，有些家庭还存在着一些其他误区，例如封建家长制残余的问题，过分依赖学校的问题，棍棒教育的问题，等等。要根据具体问题具体分析，与专家共同协商解决的方法。

## 第四节　家庭教育的基本原则

在中外教育史上，曾有一些教育理论家通过总结自己和他人的家庭教育经验，提出过一些有价值和借鉴意义的家庭教育原则。如：我国古代学者颜之推在《颜氏家训》中提出威严有慈、以身作则、环境熏陶等家教原则；苏联著名教育家 V.A. 苏霍姆林斯基在《家长教育学》中提出全面发展、尊重子女、理智施爱等家教原则。

家庭教育原则是根据家庭教育的目的和规律提出的。家庭教育原则是家长开展家庭教育时必须遵循的基本要求和指导原理，是家长处理各种家庭关系和矛盾的行为准则。遵循正确的家庭教育原则，有利于提升子女综合素质，有利于最终实现家庭教育目标。

理论源自于实践，家庭教育原则也来自家庭教育实践，并随着家庭教育实践经验的积累而得到不断充实和完善。根据我国国情和当今家庭教育现状，现代家庭教育应遵循下列主要原则。

## 一、全面发展与培养特长相结合的原则

全面发展与培养特长相结合的原则是指家长必须注重孩子的全面发展，同时也要引导孩子培养特长。

现代社会需要德、智、体、美、劳全面发展的综合型人才，而德、智、体、美、劳这几个方面是互相联系、彼此制约的。某一方面的发展，有可能促进其他几方面的发展；同样，某一方面的滞后，也可能对其他几方面的发展起到阻碍作用。因此，家长一定要树立全面发展的人才观，注重培养孩子德、智、体、美、劳全面发展，绝不能重智轻德，重智力轻能力，重营养轻锻炼。

当然，全面发展绝不等于均衡发展。由于遗传因素的影响和生活环境的差异，孩子们的身心发展水平不同。家长不仅应当正视孩子之间存在的差异，发现孩子的特点（如某种兴趣、爱好、技能以及个性等），而且要善于发掘孩子的潜能，并引导和鼓励孩子将自己的潜能和特点发展为自己的特长。

全面发展的人能够对社会的各种需求应对自如，因而获得社会选择的机会也较多；有特长的人能在竞争中凭一技之长脱颖而出，从而实现自我发展。

全面发展与培养特长相结合的原则，无论是国家需要还是家庭发展，都是应该放在首位的、实现培养目标的方向性原则。

## 二、立足家庭与面向社会相结合的原则

立足家庭与面向社会相结合的原则是指在确定目标时，既要符合家庭的实际情况，又要符合为社会培养合格公民和人才的国家要求。

人是社会关系的总和，家庭是社会的基本组织单位，个人和家庭的存在与发展都同社会密切相关。因此，家长一定要树立大

局观念，必须把家庭利益和子女的发展前途纳入国家利益这一大局之中，把为社会服务确定为培养子女的方向。如果一味考虑自己家庭的利益，而不顾国家利益和社会需要，势必脱离实际，难以把孩子培养成社会需要的合格人才，甚至会陷入个人主义的泥潭而贻误孩子的前途。

当然，每个家庭的情况是不同的。家庭教育受到家长素质、家庭生活条件和子女素质等多方面因素的制约。因此，家长在设计子女发展目标和选择教育内容、教育方法时，必须从家庭的具体实际出发，这样才可以收到预期的效果。工程师、学者可以为社会服务，工人、农民同样也可以为社会创造财富。社会需要的首先是合格的劳动者，然后才是从这些大量的普通劳动者中脱颖而出的少数高精尖人才。三百六十行，行行出状元，行行都可以为社会贡献自己的力量。家长千万不可脱离家庭和社会的实际而好高骛远，盲目攀比，盲目追赶时髦。立足家庭与面向社会相结合的原则反映了家庭教育的现实性。

## 三、家庭教育与学校教育相结合的原则

家庭教育与学校教育相结合的原则是指家庭与学校在教育目标和培养方向上要保持一致，家庭和学校应相互支持、相互配合，共同承担起教育和培养孩子的任务。

对于孩子的成长来说，学校教育和家庭教育都占有非常重要的地位。学校教育和家庭教育虽然在教育目标和培养方向上是相同的，但是在教育内容和形式上存在一定的差别。学校教育侧重传授各种科学文化知识，主要形式是课堂教育；而家庭教育则侧重培养各种非智力素质，以生活教育为主要形式。学校教育和家庭教育都有各自的局限性，都无法单独完成培养和教育孩子全面发展的重任。因此，家长应与学校班主任保持密切联系，主动了

解孩子在校期间的学习情况和表现，督促孩子积极参加学校的各项活动，配合学校完成各项教育任务；同时，也可把孩子在家庭中的各种表现与学校班主任交流，以求得教师的帮助和配合。培养和教育孩子，使其全面发展，是家庭、学校和社会共同的事业。只有家庭教育与学校教育、社会教育形成目标一致的合力，孩子的素质才能真正得到全面提高。

### 四、持之以恒与突出重点相结合的原则

持之以恒与突出重点相结合的原则是指家庭教育既要有长期性目标，持之以恒，坚持不懈；又要有阶段性任务，突出重点，分步实现。

孩子的成长是一个漫长的过程。一旦确定培养目标，家长就应有信心和恒心，坚持不懈地朝着既定目标教育和培养孩子，绝不能“三天打鱼，两天晒网”。

孩子的成长也是一个渐进的过程。在不同年龄阶段，孩子的身心发展有不同的特点。这就要求家长应该遵循孩子身心发展的规律，确定不同年龄阶段孩子的教育内容，选择合适的教育方式。孩子在学龄前阶段、小学阶段、中学阶段，家庭教育的内容和方法都应有所侧重。只有每个阶段的教育任务都能顺利有效地完成，最终的培养目标才有可能得以实现。

持之以恒与突出重点相结合的原则体现了家庭教育的长期性和阶段性。

### 五、关心爱护与艰苦磨炼相结合的原则

关心爱护与艰苦磨炼相结合的原则是指家长在教育子女时，不但要关心爱护孩子，而且应有意识地让孩子经受艰难困苦的磨炼。

父母的关心和爱护是孩子成长过程中最宝贵的精神营养，它

能使孩子得到积极的情绪体验，从而促进身体发育、心智发展和品德进步。缺乏父母关心爱护的孩子，会因精神压抑而影响健康成长。因此，家长指导孩子健康成长的最有效途径是关心和爱护。但是，家长的这种关心爱护必须是有利于孩子进步的，而不是无原则的溺爱。

孩子需要关心爱护，但孩子也不能缺少艰苦磨炼。因为孩子终究要独立面对充满困难和挫折的社会。孩子的未来有无数种可能，不可能永远一帆风顺。有意识地让孩子体验一下艰苦，经受一点挫折，必将有利于培养其意志、磨炼其毅力。

## 六、说服教育与环境熏陶相结合的原则

说服教育与环境熏陶相结合的原则是指家长在教育子女时，既要注意以理服人，正面引导，循循善诱；又要注意以身作则，身体力行，潜移默化。

说服教育看似简单，其实并不容易。家长不但要掌握一定的语言艺术，还要具备发现问题、分析问题、解决问题的能力。这样，与孩子交谈时，才能说得合情合理，提出的建议和要求也更容易被孩子接受，从而取得预期的教育效果。

家庭环境由物质环境和精神氛围构成，具体包括家庭环境设置、家庭生活格调和生活方式、家庭人际关系和家长素质等。其中家长的言行和人生观、价值观对孩子产生的影响最大。孩子和家长的接触最多，孩子为人处世的方式往往会模仿家长。因此，家长必须以身作则，言行一致，这样才会给孩子树立一个良好的榜样。同时，整洁的家庭环境、高尚的生活格调、文明健康科学的生活方式、和谐的家庭氛围，都会对孩子的思想感情起到影响作用，从而影响孩子的健康成长和发展。

## 七、维护权威与尊重孩子相结合的原则

维护权威与尊重孩子相结合的原则是指家长在教育子女时，既要树立和利用自己的权威地位，又要尊重子女的人格尊严，以平等的态度处理家庭教育中遇到的各种问题。

教育者的权威是顺利实施教育的重要保证。家长树立权威，重在提高自身素质，身教重于言教。如果家长拥有高尚的品格、良好的文化修养，加上与孩子之间天然的血缘关系，自然会得到孩子的敬佩与崇拜，从而促使孩子自觉接受家长的教育。因此，家长要注意树立自身的权威，但这种权威绝不是“一言堂”，而应是使孩子心悦诚服的高素质教育能力。

家长在利用自身权威时，还必须尊重孩子，必须首先把孩子当作与自己平等的人对待。这是由我国家庭人际关系的平等原则所决定的。如果家长动辄训斥，甚至打骂惩罚，必然会使孩子产生对立情绪，造成两代人的隔阂，这样是无法达到教育的预期目的的。

维护权威与尊重孩子相结合的原则是正确处理家庭教育中两代人关系的原则。

## 八、严格要求与灵活施教相结合的原则

严格要求与灵活施教相结合的原则是指家长教育管理孩子时既要严格，同时又要根据实际情况灵活处理各种问题。

孩子是未成年人，自我教育和自我约束的能力尚有欠缺。如果家长放松教育要求，孩子可能会行为随意，不思进取。由于缺乏一定的辨别是非能力，有的孩子甚至可能接触并参与有害的活动。因此，必须严格教育孩子。当然，这种严格必须是有利于孩子身心发展的，而不是无法忍受的严厉。

同时，严格并不等于死板，不等于教条。严格要求必须与灵

活施教相结合。家庭教育是一种生活教育，生活中遇到的情况是复杂多变的，而作为受教育者的孩子和作为教育者的家长，对于各种事物也会因地、因时而产生各种不同的认识和态度。因此，家长应有一定的灵活性。这种灵活性就是一种教育智慧，是一种教育艺术。要做到具体情况具体分析，区别对待，择机而教。

如果说严格要求是实现家庭教育目标的保证，那么灵活施教则是实现家庭教育目标过程中解决问题的重要手段。

## 九、家庭教育内容与孩子接受能力相结合的原则

家庭教育内容与孩子接受能力相结合的原则是指家长在教育孩子时，选择的教育内容要符合孩子的认知水平。这样，孩子才能接受。

家长培养孩子全面发展，主要从教孩子学会做人、学会学习、学会生活、学会劳动这四方面入手。怎样做人、怎样学习、怎样生活、怎样劳动，每一方面都有一系列的观念理论和实践方法，可以说，每一方面都是一门学科，都有自身的知识体系和内容规律。而孩子的认识水平和接受能力受其身心发展的制约，他们对这些方面的认识有一个从肤浅到深刻到逐步提高、逐步完善的过程，不可能像成年人那样有深刻的理性认识。因此，只有把教育内容与孩子的认知水平统一起来，才能达到预期的效果。

家长在运用这一原则实施家庭教育时，要采用与孩子年龄相适应的形式，提出的要求也应是孩子稍微努力一下就可以达到的，要注意循序渐进；同时，要注意帮助孩子纠正认识的偏差，引导孩子不断提高认识水平和学习、掌握新知识的方法，从而增强接受教育的能力。

## 十、父母成长与孩子成长相结合的原则

父母成长与孩子成长相结合的原则是指父母必须和孩子共同

成长，才能使家庭教育的目标最终得以实现。

父母和孩子一样也有一个成长过程。一对夫妻有了孩子，只是取得了父母资格的自然条件；具备教养孩子的各种素质，才是成为合格父母的社会要求。父母成长指的是父母通过学习，不断提高自身的思想道德修养、科学文化水平、家庭教育能力等，使自己成为能够胜任教育孩子这一重任的合格家长。父母的素质如何决定着教育子女的成败。从这个意义讲，家庭教育首先应是教育父母，其次才是教育子女。孩子的成长与父母的成长密切相关。因此，作为家长，一定要注重学习，不断提高自身素质，和孩子共同进步，共同成长。这样，孩子的健康成长才能得到有效保证。

父母与孩子共同成长的原则是由父母所承担的职责决定的。父母是教育者，是孩子的第一任班主任。高素质的班主任是孩子成长的重要保证。

家庭教育是一门科学。家庭是儿童身心健康成长的摇篮，家庭教育是社会教育的重要组成部分。准确掌握家庭教育的基本原则，提高每个家庭的教育水平和质量，必将对社会主义精神文明建设起到极大的促进作用。

# 第二章

## 班主任与家庭教育

## 第一节 班主任的新课题

我们每个人都接受父母的教育，将来也会教育自己的子女。如果我们仅在家庭这个小范围内观察，往往无法看清家庭教育的实质。必须客观地从促进整个社会的发展，从一个人成长的全过程来对家庭教育进行观察和思考，这样才能较全面、恰当地认识到它的重要意义。

### 一、抓家庭教育就是抓培养人的系列工程的起点和基础

无论就现行的学制（幼、小、中、大学）还是终身教育总体系统来说，家庭教育都毫无疑问地被视为培养人的系列工程的起点和基础。孩子出生后，就落在家庭这一小块“土壤”里，他本人对于出生的家庭是无法选择的。这一小块“土壤”含有多方面的“成分”，如：家长的心理状态、文化水平、家庭的人际关系等。孩子潜移默化地受到这些因素的影响，逐渐形成自己所特有的精神世界。

现在，世界许多国家都非常重视婴幼儿早期的智力开发，这一趋势决定了我们也必须高度重视与之相应的家庭教育。人脑应有其最佳的智力开发期，一般说来，宜早不宜晚。有学者提出“智力发展的递减法则”，即按最理想的条件去开发每个人的智力，生下来就开始，能达到100%；5岁开始，只能达到80%；10岁开始，只能达到60%；15岁开始，就只剩下40%了。孩子入小学之前这段时期的教育很关键。有较多的孩子在学前上了幼儿园，但依据这一年龄阶段孩子的人际关系及心理特点，家庭教育仍居于主导地位。

中小学教育和家庭教育好比紧密连接、相互套着的两个环。

家庭教育在孩子身上留下的痕迹几乎毫无保留地、赤裸裸地被孩子带到学校里来了。班主任能较早地发现家庭教育的长处与不足。而且家长望子成龙的心情十分迫切，他们特别需要班主任的帮助，并且非常乐于接受班主任提出的建议与意见。这样，中小学班主任帮助家长抓好家庭教育，就抓住了培养人的系列工程的起点和基础。

## 二、抓家庭教育就抓住了提高民族素质和创造家庭幸福的杠杆

家庭教育水平受家长的思想意识、家庭的人际关系等多方面因素制约。也就是说，提高家长的精神境界、改善家庭中的人际关系等是提高家庭教育水平的前提和关键。当然，社会各方面都在努力开展这一工作，但是，从关系到孩子的成长这一角度去触动家长的心弦，则会让他们感到更加亲切，更有感染力；另一方面也更能增强他们提高自我修养的决心和勇气。

扮演好父母这一角色并不轻松，从某种意义上讲，当父母要比当班主任难得多。班主任曾系统学习过相关的教育理论知识，加上反复多次的教育实践，他们对所教年龄段孩子的特点有深入充分的了解。很多家长首次面对不断成长、不断变化的孩子，事先既未受过专门的训练，又没有多次实践的机会，往往只能在不断尝试和探索中实施家庭教育。随着孩子的不断成长，他们只能一年一年地向教师、向长辈、向书本请教。即使家长本人是教师，也要向高或低一级学校的教师去请教，因为只凭那一小段的知识经验去教育和了解孩子是不够的。

孩子是国家的希望，也是家庭的希望。孩子茁壮成长，不断进步，会给家庭带来无限的欢乐，家长会感到无比安慰。反之，孩子若出现劣迹行为，甚至违法犯罪行为，就会给家庭带来无尽

的痛苦和灾难。抓好家庭教育，就是为家庭创造幸福。

综上所述，学校、班主任有条件也有责任去抓住家庭教育这一杠杆，为现在的、未来的家庭创造幸福，为提高民族的素质做出贡献。

## 三、抓家庭教育是提高班主任工作水平的新途径

教育要现代化，班主任队伍也要现代化。抓家庭教育，班主任首先要意识到，工作的范围扩大了，教育的对象增多了，教育的内容复杂了。班主任原来只管校内，现在要管校外；原来只当几十个学生的班主任，现在至少要当包括学生父母在内的一百多人的班主任；原来班主任只需了解和熟悉儿童的心理，现在还要了解家长的心理；原来班主任只考虑儿童的问题，现在要去尽力协调家庭中出现的矛盾。这种客观形势迫使班主任要不断学习、不断前进，为班主任工作开辟了广阔的用武之地。

其次，班主任应该意识到，家长本来就是教育者，他们的思想道德修养和教育水平提高了，必将是更有力的教育者。这样就会为家庭教育组织起强大的、步调一致的教育统一战线。如果家长们掌握了教育科学的理论武器，又能在实践中运用，他们会向班主任提供许多宝贵的素材、意见和建议，会主动和班主任一起研究、探讨新的教育课题。

最后，抓家庭教育本身就是打破狭隘的教育观念。教育的实践面广了，内容多样而丰富，必然要在较高的水平上总结出前所未有的、新的教育理论。从这个意义上讲，抓家庭教育有利于建立起一支具有现代理论的班主任队伍，是教育改革很好的突破口。通过这个突破口，会有一股新鲜的气息进入教育领域，给教育带来新气象。

## 第二节　家庭教育的指导建议

从一定意义上说，家庭教育比学校教育更复杂，因为每个家庭各不相同，存在太多的差异。在进行家庭教育指导时，有几个重要的问题应引起我们的重视。

### 一、重视对家长教育思想、教育观念的指导

学校教育和家庭教育配合得好坏与否关键在于教育思想、教育观念的一致与否，如果不一致，那么将南辕北辙，难以形成教育合力。只要对当前学生的普遍表现和状况进行认真分析，我们就不难发现带有共性的教育思想、教育观念方面的问题。思想、观念问题既表现在家长身上，又表现在教师（包括班主任）身上，因此，对于家长和班主任而言，都应有“教育者必先受教育”的认识。

家长的教育思想和教育观念多种多样，以下几个是最为重要的观念。

（一）亲子观

家长的亲子观是指家长对自己与孩子之间关系的基本看法。这个基本看法必然对家长处理与孩子之间关系的言行及具体方式有重要影响。家长与孩子之间的血缘关系、亲情关系是天然形成的（当然有个别例外），这是别人无法代替的。家庭把家长与孩子紧密地连在一起。由此，有的家长把孩子完全视为自己的“私有物”，在处理与孩子的关系上，总把自己摆在支配者、指挥者的地位，生活中如此，教育时亦如此。正确的亲子观应是既看到血缘关系和亲情关系的一面，又充分认识孩子的社会属性，认识到孩子有自己的独立人格，是社会的一个公民。父母与子女应该

有平等的人格关系。

（二）人才观

家长的人才观是指家长对什么是人才、怎样才能成才的基本看法。社会上对人才的看法意见不一，许多家长把“学历”当作衡量人才的唯一标准。其实，看一个人是不是人才，关键是看他在自己的社会角色上是否能进行创造性的劳动，是否有创造性的贡献。能进行创造性劳动，有创造性贡献的，不论其贡献大小，皆可称为人才。而人成才的途径和方法是多种多样的，最基本的应是智力因素与非智力因素的协同开发，是良好的人格（个性）教育与智能发展的统一。受高等教育是人成才的重要途径，但并不是唯一途径，许多事实都已经证明了这一点。

（三）教育观

家长的教育观是指家长对教育尤其是家庭教育的基本看法。家庭教育与学校教育有很大不同，家庭环境与学校环境存在差异，家长与学校教师之间也存在很大差异。家长忽视家庭教育、缺乏教育意识肯定是不对的，但把家庭教育“学校化”也是不妥的。家庭教育不能代替，也不可能代替学校教育。家庭教育与学校教育是协同合作的关系，不是非此即彼的关系。家庭教育的着眼点是孩子素质的全面提高，重点是教育孩子怎样“做人”，培养孩子的多种能力。应该高度重视家庭教育的渗透性特点，把言教、身教、境教结合起来。

## 二、重视家庭教育基本规律的指导

有了正确的教育思想、教育观念，家长还必须正确把握家庭教育的基本规律。在家庭教育指导中，经常有家长直接向指导者要“方法”，而不是要“规律”。其实，方法来自规律，如果没有精准把握规律，“方法”往往毫无成效。因此，班主任应利用各种机会，提高家长对家庭教育基本规律的认识。目前，对家庭教育规律的认识尚处在总结和探索的阶段，成熟的认识还不是很多，以下几点仅供参考。

（一）尊重孩子的独立人格

要求家长做到尊重孩子的独立人格，比要求班主任难得多。没有尊重就难以沟通，无法了解；没有沟通和了解就无法进行有针对性、实效性的教育。一位家教专家说："孩子是人，是未成年的人，是将要独立的人。"此外，这位专家不但指出了尊重孩子独立人格的问题，而且提出了孩子与成年人的区别，应将这种尊重与孩子的发展联系起来，在尊重的前提下实施教育。

（二）家庭教育的渗透性

作为家庭教育的基本特点之一，家庭教育的渗透性应引起足够重视。这种渗透性体现在环境、交往与活动之中。许多家庭都存在忽视渗透性的问题，把家庭教育表面化、说教化、单渠道化。因此，班主任必须提醒家长重视与孩子的相处与沟通，多与孩子共同活动，如聊天，干家务，参加文体活动，走亲访友，外出游览等，在共同活动中，自然地发挥其教育影响力。

（三）同步性教育

同步性教育是提高教育实效的重要保障，它包含以下三方面内容：一是家庭教育中，长辈们教育要同步，长辈们对孩子的教育应配合一致，不可你东我西；二是家庭教育的内容和方法要与孩子身心发展同步，每个孩子的特点各不相同，只有从自己孩子的实际出发确定教育内容和方法，才能收到好的效果；三是家庭教育与学校教育同步，家长要经常与班主任联系，了解学校各个阶段的教育内容及要求（包括对孩子个体的教育内容及要求），与学校互相配合，协调一致，形成教育合力。

（四）家长的示范性

在家庭教育中，家长的示范对于孩子的成长与发展非常重要。俗话说“将门出虎子”“上梁不正下梁歪”。家长自身的人格、素质、言行表现会对孩子产生巨大而长远的影响。现在有许多家长只严格要求孩子，而放松对自己的要求，个别家长甚至道德滑坡，行为不端。这会给孩子带来极差的影响。家庭教育指导的一个特点是“教育家长”，给家长提供一个受教育的机会，我们应向家长反复强调示范性的重要意义。没有示范性，家庭教育的功能就无法发挥。

（五）调动孩子的积极性

不能调动受教育者积极性的教育肯定是失败的教育。对于家庭和学校而言，调动孩子积极性的方法是不同的。在家庭中，家长应该多向孩子提供实践的机会，尽量减少包办代替，多指导、鼓励孩子，减少苛责。家长应该增强民主意识，作风民主，给孩子发言权，家庭的大事也应积极听取孩子的意见。有些时候，家长应自觉学习孩子的优点和长处，当孩子的“学生”。总之，应处处把孩子当成家庭的主人而不仅仅是教育对象。

## 三、重视每个家庭的“个性”特点

学校教育的统一性、规范性是非常明显的，而家庭教育则有非常突出的“个性”。从家庭教育方式的类型来看，有民主型、专制型、放任型、兼备型；从家庭教育的人才取向来看，有品德型、智能型、实惠型、社交型、领袖型；从家庭的结构来看，有单亲家庭、核心家庭、主干家庭；从家长的文化水平来看，有高学历、中学历、低学历；从家庭的人际关系来看，有亲密和睦型、疏淡冷漠型、冲突打斗型；等等。每个家庭情况各不相同，而每个家庭又都实实在在地以不同方式影响着自己的孩子，因此指导家庭教育难就难在其有千差万别的特性。

班主任必须重视调查研究，在进行普遍性家庭教育指导的同时，还应准确抓住每个家庭的特点，进行个别指导，这样才能提高指导的实效性。

近些年，有关家庭教育的研究发展很快，相关报刊书籍、广播电视节目也越来越多，家庭教育指导者要重视对这个领域的理论学习，加强家庭、学校配合教育的研究，积极探索教育规律，使工作达到新的水平。

## 第三节　家校结合的新探索

### 一、当前家庭教育的现状分析

由于受社会、家庭等多方面因素的影响，现在的家庭教育还存在不少问题，笔者曾对家庭教育的现状做过一个粗略的分析，大致可分为几种类型。

1. 粗暴型。这是目前家庭教育中较常见的类型。这类家长信奉的是“棒打出孝子”，对子女采取简单粗暴的教育方法。

2. 放纵型。这是目前家庭教育中有一定发展趋向且值得重视的类型。经济不断搞活，政策逐渐开放，这给人们提供了许多大展手脚的天地，但也有些人眼里只有“钱”而忽视了自己作为父母的职责，把教育的责任完全推给了学校。

3. 溺爱型。这是目前家庭教育中正在扩展的类型。孩子成了全家围绕的中心，特别是那些由爷爷奶奶辈看大的孩子，更是集万千宠爱于一身。

4. 引导型。这是比较合理的家庭教育的类型，是我们大力倡导的家庭教育的良好模式。

5．教唆型。这类家长已走上邪路，还教唆子女去犯罪。这种家庭教育类型虽较少见，但危害极大，必须引起高度重视。

家庭教育的类型多种多样，所存在的问题也千差万别，而班主任本身对家庭教育也存在着不同的认识。如有些班主任认为家庭教育是“分外事”，本身的事已经够多了，实在忙不过来；有些班主任在争取家庭教育的配合时，经常会遇到些不顺心的事，从而使他们感觉没有必要自找麻烦；有些班主任缺少经验，对家庭教育的重要性还缺乏正确认识。

## 二、如何进一步加强班主任工作与家庭教育的结合

（一）认真进行家访，建立“学生家庭档案”

家访是班主任工作的重要内容。家访的对象既包括学生，又包括家长。班主任应把“访学生”与“访家长”有机结合起来。在家访中，通过交谈，班主任应力图了解学生家长的经历、学历、性格，对子女教育的认识、时间、精力、经验等情况。同时还要注意观察，从房间布置、家务安排、人际关系等方面进一步对学生及家长加强了解。许多家长对班主任的工作予以大力配合，会详细介绍家庭情况，甚至把个人坎坷、家庭纠纷也说给班主任听。这样，通过家访，班主任可以有效了解学生的家庭情况，以便于日后顺利开展工作。

（二）通过各种渠道，进一步密切学校与家庭的联系

学校与家庭应保持密切的联系，班主任除家访外，还可以通过建立“家长接待日”制度，开家长会，设立“家校联系册”等各种渠道，进一步密切学校与家庭的联系。

实行“家长接待日”制度可以有效地提高班主任的工作效率。班主任在校内有准备地接待家长能避免家访时空跑、白等浪费时间的情况。

实行“家长接待日”制度可以加强联系的效果。家长校访时，目的明确，既可以在班主任那里了解到对学生综合评价的信息，也可以在任课教师那里听到对学生具体情况的分析，从而可以有针对性地配合学校开展工作。

实行“家长接待日”制度能改善家长与孩子之间的关系。校访既是尊师的表现，也是爱子的行为。家长校访后，可以心平气和地和孩子进行交流，充分肯定其成绩，热情鼓励其进步，更给其以温暖和力量。

（三）请家长参加丰富多彩的班级活动

班主任指导学生开展一系列内容丰富、形式多样的班级活动，如“班级十佳”评选、“班级十大新闻”评选、“我是小主人”等活动。在活动中，请家长积极参加。家长可以和学生一起跑跑步、打打球，辅导或检查他们的工作，也可以向学生敞开心扉，多交流思想。在具体的活动中，两代人充分交流，密切了学校与家庭的联系。

## 三、班主任工作和家庭教育结合中的几个值得重视的问题

就现状看，班主任工作和家庭教育结合的研究仍处于探索阶段，学校应对班主任工作与家庭教育结合的规律进行努力探索，使家庭教育能对孩子的生理、心理特点更具针对性，做到序列化、台阶化，以加强家庭教育的效益。

就班主任队伍来说，他们对家庭教育重要性的认识还参差不齐。同时，学校对班主任工作的考核缺少明确的标准，有较大的随意性。对此，班主任应积极提高自己的工作水平，把目光投向每一个学生。

社会要高度重视学校教育与家庭教育的结合。应该指出，促

进学生健康成长是社会的综合工程，也是社会的基础工程。社会应从人力、物力上予以协助，应从舆论宣传上予以配合，有关部门可邀请专业人员开办家庭教育知识讲座，进行家庭教育咨询服务等。

在新形势下，教育工作者有了大显身手的机会，也会面临许多新课题和新挑战。相信通过他们的努力，学校教育与家庭教育的结合必将出现新的局面，取得新的成绩！

## 第四节 各类家庭的家庭教育

家庭是人类生活中最基本、最主要的社会组织。家庭教育的好坏将会直接影响每个学生的成长，并会在一定程度上影响班级建设的成败。

班集体是由生活在各种不同家庭中的学生组成的，班主任要想管理好班级，必须对生活在各类家庭中的学生的思想、道德修养，周围环境的影响，家长对子女的要求等诸多情况进行认真研究，获取大量的第一手资料，对学生身上存在的各种问题进行具体分析，与家长积极配合，做好思想工作，引导所有学生沿着健康的人生之路不断进取和发展。

班主任要想搞好班级管理，除应认真研究和解决各种普通家庭孩子的品行问题外，还要下大力气研究和解决如下十种家庭孩子的品行问题，这不但是重点，更是难点。

### 一、牢骚家庭

这类家庭的父母在家庭生活中对自身的言行毫不注意，经常发泄一些对社会、对他人的不满情绪。这会对缺乏社会经验、分辨是非能力尚弱的学生产生极坏的影响。

比如，有的学生觉得教师讲的内容与现实的社会生活和父母交谈的内容出现极大差异，从而对教师产生对立情绪，这不利于对学生展开正确的思想教育。部分学生的奇谈怪论和各种模糊观念很多都是从父母与亲朋好友的谈话中得来的。

对于这类学生，班主任要同时做好家长和学生双方面的工作，一方面，建议家长尽力消除不良家庭因素给孩子带来的影响；另一方面，要引导学生树立正确的人生观和价值观，既要认识社会生活中不足的一面，对不足方面做客观具体的分析，更要看到社会发展的本质和主流。这样才能用全面的观点和实事求是的精神，坚持二分法，全面、正确、恰如其分地认识和看待社会的发展，提高认识，统一思想，肩负起实现中国梦的伟大使命。

## 二、娇惯家庭

一些家庭的孩子，由于祖辈和父母的过分溺爱，娇生惯养，本应独立完成的事情也全部被包办。同时，父母怕孩子出事，也省略了许多正常的思想教育，忽视了必要的家庭教育，结果往往造成这些孩子组织纪律性散漫，生活自理能力差，集体观念和劳动观念差，缺乏艰苦奋斗精神等。他们生活上高标准，学习上低要求，心中无集体，蛮横不讲理，经不起风浪的考验。

对这部分学生要着重加强四方面教育，一是集体主义思想教育，二是艰苦奋斗教育，三是组织纪律教育，四是劳动观念教育。要做到三个“统一”：家长、教师、学生的认识要保持高度统一，家校的要求要统一，班主任、任课教师与家长对学生的教育要统一；加强两个“检查”，即家校共同监督检查，学生自查；培养一个“习惯”，即良好的学习、生活、劳动习惯。

## 三、苛求家庭

目前部分家长望子成龙心切，提出了一些超越孩子思想水平、智力水平、心理能力等不符合孩子年龄特征的过高要求。这部分学生，由于思想压力过大，学习负担过重，有的身体被压垮，无法进行正常的学习活动；有的产生严重的厌学情绪，违背父母命令，违反学校纪律，厌倦学习；有的不敢讲真话，报喜不报忧，当面一套，背后一套，欺骗教师和家长，逐渐形成不诚实的坏习惯；还有的由于学习成绩无法达到父母的要求，害怕被家长打骂或受到打骂后离家出走。

要解决这部分学生的思想问题，班主任要积极与家长分析他们在校的学习情况和努力程度，让家长对自己孩子的思想表现和智力水平有一个全面的了解，并建议家长根据自己孩子的实际情况，与班主任一道，提出切实可行的要求，制定恰当的措施，并指导落实。同时，要加强对孩子学习目的和学习方法的指导，使他们养成良好的学习习惯，并鼓励他们勇于战胜学习上的困难，激发学习兴趣，增强他们的信心，为他们的健康发展创造一个轻松自如的学习环境和心理环境，引导他们遵照父母和教师的要求，自觉完成各项学习任务，加强道德修养，增强克服困难的信心，不断提高学习成绩。

### 四、放任不管家庭

这部分家长认为把孩子交给学校后就万事大吉了。他们从不过问孩子的思想品行、学习成绩。我们常常可以看到，有的家长来校找自己的孩子时，甚至不知道孩子所在的班级，也不知道班主任是谁；有的家长竟然不知道自己孩子在哪所学校上学，找错了地方；有的家长晚上在家里也从不关心孩子的学习，从不主动了解孩子在干什么；有的家长在孩子面前表现得无能为力，任其发展；有的家长只求教师多多管教，能天天到校上课，不在校外干坏事就行了；有的家长面对上门家访的教师，借口公务繁忙，一走了之。生活在这种家庭的学生往往无所事事，缺乏严格的组织纪律观念，自由散漫，不思进取，不求有功、但求无过的思想十分严重。

对于这类学生，班主任一方面要积极进行家访，建议家长加强对孩子的管理和教育，重视孩子的品行和学习；另一方面要大力加强思想教育工作，提高学生的认识，重视提高学生的品德修养。同时，班主任要多深入学生家庭或委派学生干部进行观察，建立家校联系制度，及时了解学生在家的表现，以便采取适宜的方式进行教育。

### 五、重智轻德家庭

这种家庭的父母过于关心孩子的学业，而很少过问孩子的思想表现。这种家庭的孩子多数就读于重点学校。其中，特别是那些学习成绩名列前茅的学生家长表现得更为突出。有的教师对成绩优秀的学生又特别偏爱，在与家长交谈中只讲学生的优点，与优异的成绩相比，他们身上的一些不足之处往往显得微不足道，这部分学生往往也只注重学习上的进步。他们认为，只要学习好，就一好百好。这样长此以往会导致部分尖子学生误入歧途，思想滑坡，甚至走上违法犯罪道路。

对于生活在这种家庭的学生，班主任要特别重视对他们进行思想教育，在充分肯定其努力学习、积极进取的同时，要认真观察和了解他们思想上的细微变化，及时发现和指出他们身上存在的问题，引导他们积极加强自身思想道德修养，从德、智、体、美、劳诸方面严格要求自己，争做一名品学兼优的好学生。班主任在与家长的交谈和联系中，要实事求是地向家长反映孩子身上存在的问题，建议家长在关心孩子学习的同时，要更加关心孩子思想上的成长，鼓励孩子全面发展。

## 六、专制家庭

这类家庭封建思想意识严重，家长处于专制地位。随着年龄的增长，独立意识的增强，孩子们在社会生活中渴望被大人们理解和尊重，在家庭生活中渴望得到平等和自由。但这部分家长对孩子们思想上的这些变化和要求毫不注意，对孩子们的合理建议也丝毫不尊重，只要求孩子顺从大人，绝不允许孩子有不同想法，否则，就认为是大逆不道，轻则训斥，重则体罚。这种独断专行的家长作风会给孩子们的身心健康成长带来极大的消极影响。

生活在这种家庭的孩子，表面上非常老实，胆小怕事，但背地里谎话连篇，设法欺骗教师和家长。对于这类学生，班主任一方面要加强家校联系，互通信息，使家长和教师都心中有数，引导学生养成诚实的思想品质；另一方面，建议家长在家庭生活中，多发扬民主作风，积极倾听孩子的合理要求和建议，不断消除家庭中的紧张气氛，为孩子的生活和学习创造一种自由、平等、民主、和谐的家庭环境。

## 七、护短家庭

广大学生正处在人生观、世界观不断发展和形成的时期，他们需要深入了解社会，认识社会，接触社会。但由于他们的社会经验不足，认识能力有限，在人生道路上，不可避免地会出现这样或那样的思想认识问题，有时甚至会出现严重过失，这是符合人的认识规律的。人们之所以在某些认识上存在偏差，在言行上出现失误，往往是因为其认识与客观世界有很大差距，当他们的主观认识与客观世界不相符合时，就会产生认识上的错误，这是不足为奇的。正是因为这些认识上的偏差和错误的存在，我们才需要不断学习，反复教育。但部分家长不能正确对待自己孩子身上出现的这些认识上的不足。有的家长喜欢听别人夸奖、赞赏自己的孩子，不愿听孩子的不足和短处；有的家长在公开场合反对教师的忠告，甚至为孩子的错误言行辩护，公开袒护孩子的错误言行。这无形中助长了孩子的错误思想和行为。

生活在这种家庭中的孩子往往蛮横、娇气、缺乏集体观念，也往往看不起教师，更不愿接受教师的正面教育。面对这类学生，班主任在进行思想教育时，一要做到客观公正，实事求是，在与学生交谈时，语气要婉转，要善于引导学生通过自我批评来认识自身的不足；二要说服家长正视现实，正确认识孩子身上存在的问题，与校方密切配合，共同抓好学生的思想工作；三要表明教育者的态度，作为教师绝不会故意找某个学生的碴儿，教师与家长的心愿是一致的，都是为了教育好孩子。只有这样，教师与家长才能相互理解、共同配合，认真抓好学生的品德教育。

## 八、不和睦家庭

由于父母感情或家人中其他成员的感情不和，家庭“大战”经常发生。在家庭“大战”中，有的性情粗暴，不分青红皂白，大打出手；有的粗鄙话语不堪入耳；等等。可以说，生活在这种家庭里的孩子真是“饱经风霜”，于潜移默化中受到许多恶劣影响和反面教育。

这类学生在社会上和学校里往往满口粗话，独断专行甚至到了不可救药的地步。要教育好这类学生，一方面要说服家长在孩子面前要尽可能避免各种矛盾冲突，家人要统一认识，共同肩负起教育孩子的义务，不要在孩子心灵深处留下难以磨灭的伤痕；另一方面要教育和引导学生不断提高明辨是非的能力，正确对待和灵活处理好家庭关系，保持稳定和健康的思想情操，自觉克服家庭干扰，刻苦努力学习。同时，要更多地关心他们，帮助他们克服各种阻力，加强自身修养，培养良好的行为习惯。

## 九、离异家庭

这类家庭有三种情况：一是父母离婚后，孩子跟随父母一方生活，父方和母方为了孩子，下决心长期不重新组建家庭，把所有精力都集中于对孩子的教育上。这部分孩子由于从小受到较好的家庭教育，在事业和学业上获得成功的居多数。二是父母离婚后，双方都不愿承担管教孩子的义务，绝大部分孩子被寄养在亲朋好友家里，有的甚至无人教管，长期流落街头，生活无依无靠。他们由于缺乏严格的家庭教育，往往存在较多问题，甚至走向违法犯罪的深渊。三是父母离婚后，双方都重新组建家庭，由于各种原因的影响，一部分孩子失去了家庭原本应有的温暖，缺乏严格的家庭教育。这部分孩子，有的厌恶家庭，憎恨父母；有的小小年纪就失学，离家出走，混迹社会；有的由于长期无人管教最终走上犯罪道路。

对生活在这种家庭的孩子，一方面要充分发挥班集体的作用，从各种角度关心和照顾他们，使他们感受到来自集体的温暖；另一方面，班主任要从思想、学习、生活上给予他们更多的教育、帮助、关怀和爱，做他们的知心朋友，使他们感受到班主任的亲切、可信，努力克服人生道路上暂时遇到的困难，安心学习，打好基础，为将来自立做好充分的思想准备和知识准备。

## 十、“违法”家庭

这类家庭的家庭成员有的有赌博等违法行为，有的从事非法职业，极大地毒害了孩子的身心健康。这类学生虽然是极少数，但他们对班级建设的影响是非常大的。

对于这些缺乏法制观念的家长，只有教师单方面的努力是远远不够的，需要全社会共同联起手来，加强法制教育，增强法制观念，调动各方力量，为广大青少年的健康成长营造一种优良的社会环境，促使广大青少年沿着正确的人生之路健康发展。

以上十种特殊的家庭情况，对学生的健康成长和班风班纪的建设都存在着多方面的影响。作为班级管理的组织者和领导者，班主任要设法通过正常的、积极的思想教育，将生活在不同家庭中的孩子都教育、培养成合格人才。班主任必须遵循矛盾特殊性原理，做到具体情况具体分析，针对不同家庭中孩子们的思想问题，采取不同的方法，为青少年学生的健康成长指明方向。同时，也衷心希望社会各界都积极行动起来，为祖国下一代的健康成长创造一个更好、更优越的生活和学习环境。

# 第三章

## 家校协同教育

## 第一节 协同教育

“协同教育”是我国当代学校教育由封闭式办学向开放式办学逐步过渡过程中出现的新生事物，是具有时代特点的大教育观的现实反映。它的含义大致可以概括为：在现代教育观念的指导下，来自学校、家庭、社会等多种教育力量、教育资源彼此协调、互相合作，共同形成合力，为培养“四有”新人而贡献力量。它的对象是来自中小学（幼儿园）的儿童和青少年。它的具体内容与我们多年来一直倡导的学校（也包括幼儿园。本章专论与中小学校的协同教育）、家庭、社会“三结合教育”基本一致，但“协同教育”以“大教育”观和素质教育思想为指导，更充分地体现了新时期的时代精神。

当前我国协同教育主要有以下两种基本形式。

### 一、家长学校

数量众多、日益发展的家长学校是我国当前协同教育的第一种基本形式。

近年来，家长学校是系统化、规模化的家庭教育指导工作的重要举办形式。在许多农村地区，对广大农民家长进行家庭教育指导的方式主要有设立家教辅导站、固定咨询点、流动咨询点（这些辅导站和咨询点大多属于当地家长学校）等。目前，家长学校如雨后春笋遍布全国各地。我国各地的家长学校一般包括以下几种形式。

第一种形式是以中小学为基地，主要由学校发起并承办，由当地有关部门或由各部门组成的有关组织（如家庭教育工作领导小组、“三结合”教育领导小组、家长学校领导小组等）领导，在办学过程中适当借助社会力量。在当前的家长学校中，这种形式的家长学校占有相当大的比例。

第二种形式是以学校为依托，联合附近社区共同创办的联合家长学校，在办学过程中社区提供了充分的物力、人力和财力。就目前所见的资料来看，这种形式的家长学校为数不多，但呈现增长趋势。

第三种形式是完全由社会力量为主创办的家长中心学校。这种形式的家长学校除承担对基层家长学校进行管理、协调、指导、监督、师资培训等任务外，也对家长进行授课。这种形式的家长学校一般由地区机关工会委员会、家庭教育委员会等联合举办，是当地各中小学主办的家长学校的龙头机构。

第四种形式是广播家长学校。这是一种非正规的家庭教育指导形式。这种形式的家长学校是以广播电台为媒介，联合其他相关部门的力量办起来的。在发展的过程中，这种形式的家长学校逐步形成了与“地面”（指设在各学校等处的家长学校）相结合的办学模式。作为“地面”家长学校的有益补充，广播家长学校的数量近年来呈现上升趋势。

经过多年的发展，目前我国各地各级各类家长学校基本已经走向成熟。主要表现在以下几个方面。

第一，管理逐步到位。很多家长学校在校内都设有领导小组。一般由学校的校长、政教处主任、校办公室主任等组成，由各级家庭教育领导机构进行管理，许多家长学校还成立了由校领导、班主任代表、家长代表等成员组成的家长学校管理委员会。许多家长学校的组织管理甚至由上到下形成了一个完整的系统。如家长学校管理委员会下设年级委员会、教学班委员会等。涉及部门较多的广播家长学校也形成了各部门统一行文、统一招生、统一教材、统一表彰、统一结业的局面。此外，许多家长学校还出台了成文的工作计划、办学章程、方案、大纲和各项制度。在管理模式上，许多家长学校都推行了目标（计划）—实施—检查—总结的计划管理模式。

第二，教师队伍比较稳定，教学水平不断提高。各地的各级各类家长学校都有一支较为稳定的教师队伍，这支队伍的成员一般包括中小学的校长、中青年骨干教师、优秀教师、离退休老领导、老教师等专职教师和聘请的教师进修学校的班主任、相关方面的专家、学者、医生、法律工作者和优秀家长代表等，他们的课程深受家长欢迎。有的省区市还对家长学校的班主任进行了专业的培训。

第三，教学内容系统化、科学化，并能体现针对性和趣味性。许多省、自治区、市教委为家长学校编写了统一教材，为授课内容的系统化和科学化提供了相应的保证。此外，许多家长学校还非常注重教材的选择，在系统地向家长传授儿童教育学、心理学、生理学等一般原理和知识的同时，还能结合学校教育教学的具体情况和学生的实际及家长的不同状况，有针对性地通过专题讲座、专题辅导、专题讨论等形式进行授课，许多家长学校为了强调授课的针对性还自编了若干教材。许多家长学校的授课内容新颖，形式生动活泼，注重理论联系实际，典型事例丰富。家长学校的授课内容还包括组织家长阅读有关的报刊文章，收看相关电视节目等，大大提高了家长对于课程的兴趣。

第四，教学形式、方法灵活多样，能够适应家长的不同需要。主要教学形式、方法如下：1. 固定班与巡回班相结合，许多家长学校的教育对象除居住地距家长学校较近的学生家长以外，还要定期派班主任对居住地距家长学校较远的学生家长进行授课；

2．“大课”与“小课”相结合，“大课”的讲授对象为全部家长，主要讲授家长们普遍关心的内容，“小课”面对的是不同文化程度、不同职业、有不同需要的家长，如孩子处于青春期的家长、离异的家长、毕业班学生的家长等；3．面授与函授、自学、辅导、考核等多种方式相结合，给经常上夜班、外出从工从商的家长寄送授课讲义和学习资料，让他们利用空闲时间进行自学，并定期辅导、考核，这一方式同样也适用于广播家长学校；4．讲授与电化手段相结合，如讲课中注意对幻灯、投影、录音、录像、广播、闭路电视等设备进行合理使用；5．课堂上听课与下课后阅读有关报刊，收听广播与收看有关电视节目相结合；6．授课与举行各种活动相结合。如在家长学校中定期举办专题研讨会、座谈讨论会、家教知识竞赛、征文、家庭教育咨询、评选好家长等活动；7．集中授课与传统的家校联系相结合，在授课过程中注意使用家访、家长座谈会、家校联系手册等方式，与家长展开深入交流，及时了解他们的需求及对家长学校授课情况的看法和建议。

第五，家长参学率高，受教育面广。一般来讲，城市家长学校的家长参学率能够达到80%—90%，大部分城市家长学校的家长参与率达90%以上，有的甚至达到100%。一些乡镇家长学校的参学率也能够达到50%—60%。

## 二、“三结合”的教育形式

“三结合”的教育形成以社区为依托，学校、家庭、社会结合的教育形式是我国当前协同教育的第二种基本形式。

这一形式起始于20世纪80年代中期，我国上海、天津、南京等地出现了以普通中小学教育为中心，与社会多渠道沟通、共同育人的社区教育。目前，在全国各地我们都能找到旨在更好地培养、教育下一代儿童和青少年的社区教育的影子。但总的来讲，就目前所见材料来看，全国范围内的社区教育普及程度还远远不及家长学校高。

经过近10年的发展，我国以社区教育为依托的协同教育已基本发展到学校、家庭、社区密切合作、走向融合的阶段，并逐步呈现以下特点。

第一，一般由社会各方面力量组成的社区教育委员会充任社区教育的领导、组织、监督及民间协调机构，以“政策、协调、参与、服务”等协同性管理模式参与社区教育的目标、过程、实施、结果等方面的管理。

第二，充分利用社区教育资源，对儿童青少年展开多方面的教育。主要包括：1. 组建由多方人士（如老干部、英模、烈士、先进人物、各专业领域的专家学者、各路能工巧匠等）组成的校外辅导员队伍，对儿童和青少年进行生动的、全面的社会教育；2. 建立爱国主义、革命传统、劳动、军事训练、法制、社会实践等多方面的教育基地，让儿童和青少年在社会生活中接受来自各方面的道德教育，有的社区还集中相关力量专门成立了行为偏差生的矫治基地；3. 利用社区内的图书馆、博物馆、体育馆、影剧院、街道文化站、少年宫（活动室）及有关的展览会、陈列室等，构建休闲教育网络，如“红领巾休闲协会”“双休日活动基地”“假日中（小）队”等，利用学生休闲时间提供教育和指导。

第三，依托社区，优化育人环境。在优化育人的“软”环境方面，目前的主要做法有如下几点：1. 依托社区对家庭成员展开系列教育，提高社区家庭成员的基本素质。2. 依托社区对家庭教育加强指导，提高社区内家长的家庭教育水平。有的社区除与学校联办家长学校外，还主动、单独开办各种家长学习班（如单亲家庭家长学习班等），积极办家庭教育展览和板报，举办家庭教育知识竞赛、研讨会和征文比赛等活动，在社区内形成了重视家庭教育的风气，潜移默化地提升家长的教育水平。3. 通过精神文明建设活动（如“五好家庭评选”“文化一条街”“革命歌曲大家唱”“社会公德演唱”“全民健身活动”等），建文明片区、文明单位、文明街道、文明校院，使健康向上的社区文化氛围得以形成，为下一代的成长创设一个良好的精神环境。在优化育人的“硬”环境方面，主要指借助社区力量（家庭、工厂、企事业单位、社区有关管理机构等）在物质方面改善校内外的办学环境和条件、创办校办企业，等等。

以社区教育形式为依托的协同教育使学校孤立、单向办教育的境地得以改善，形成了社区、民众参与教育的良好氛围。在这个大环境中，社会各方面力量都能对儿童和青少年的健康成长积极关注，共同创造和优化育人环境，共同教育、培养人才，从而形成学校教育、家庭教育、社会教育一体化的协同教育新格局。

另外，加强学校与家庭之间的联系，发挥学校、家长和学生的积极性，是当前我国实现协同教育的重要途径。

我国的教育历来就十分重视学校与家庭之间的联系，随着教育改革的深入，二者的联系日益密切，不仅在传统的基础上继续发展，而且随着时代的发展也有所创新。主要体现在以下几个方面。

1. 家访、家长座谈会有了新的发展。

目前，在加强中小学与家庭的联系方面，我国大部分中小学长期采用的传统的班主任家访、学校（班级）召开家长座谈会的方式取得了新的发展。如，许多中小学已经逐步形成了一套完整的“班主任家访制度”，制度规定了班主任家访的次数、频率、计划、记录；许多学校召开家长座谈会的频率也逐步由不定期向定期的方向发展，除每学期开始、期中、期末正常召开的家长座谈会外，有的学校还结合儿童、青少年教育中出现的典型问题随时做好召开专题家长座谈（讨论、研讨）会的准备。这样，班主任家访和家长座谈会在加强中小学与家长的联系，增进双方了解的同时，又适时对家长的家庭教育做出了科学指导，使家校共育资源得到一定程度的开发。

2．学校中家长委员会普遍存在，家长的“参教助育”作用得到了更充分的发挥。

在加强学校与家庭联系的过程中，许多中小学充分调动家长的积极性，引导家长参与到学校教育中来，并且纷纷建立了学校、年级、班级等不同级别和规模的“家长委员会”。这一组织不仅为家长们向学校提出建议和意见提供了良好渠道，而且还越来越成为家长们直接参与学校管理和家庭教育的重要组织形式。如，有的学校家长委员会成员有计划地轮流进驻学校，直接参与对学生的教育和管理。

家长力量通过家长委员会参与学校教育，在一定程度上还为学校带来了多方面的教育资源，如增加了一些校外教育基地，在家长中出现了许多校外教育辅导员、关心下一代工作委员会成员、家长学校的兼职班主任，等等。有的学校的家长委员会还帮助并引导学校在学校教育与家庭教育相互结合的基础上进一步向社会教育迈进。

3．各学校纷纷设立“家长开放日（周）”和“家庭接待日”。

近年来，随着中小学对家长开放办学程度的逐步增强，许多学校纷纷设立了“家长开放日（周）”和“家庭接待日”，并积极邀请家长参加学校举办的各种文艺、体育、娱乐等活动。这些学校对家长的开放活动，不仅使家校联系日益密切，而且使家长对学校的教育活动有了更为深入的了解和认识，引导家长确立了更为科学的教育思想，并帮助家长从班主任身上学到一些正确的教育技能和方法，为实施家校共育打下了坚实的基础。

4．班主任填写“家校联系手册”的新做法。

在加强与家长的个别联系方面，许多中小学除家访、邀请家长到校进行个别谈话外，还采用电话、书信等方式以便及时与个别家长取得联系。最为广泛采用的制度化的方式是使用家校联系手册，这种方式便于学校与家长双方及时取得联系并沟通信息，交流育人情况和教育心得，促进家校协同育人的目的得以达成。为了使家校联系手册更好地发挥作用，防止联系手册成为班主任的“告状本”，加重学生的心理负担，近年来一些学校坚持联系手册向学生公开，并要求班主任填写时多鼓励、表扬。有时学生自己也可积极填写自己的想法，这对发挥学生的主体性有着十分重大的意义。有的学校还积极改革班主任写评语的方式。如某校要求班主任在给学生写评语时，语言应使用第二人称，要散文化，要饱含“师情”和“爱心”，不仅要让家长和学生感受到美感，还要动之以情，晓之以理，使人乐于接受。这样，家长就会更加主动地配合教师，共同参与到幼儿的教育中来。在中小学，普遍要求班主任写“激励”式评语。

5．通过《评估手册》，家校实现“双向”评估。

过去，对学生发展的评估往往由学校一方进行，家长很少参与评估，因而对学生的身心发展状况和在校情况往往缺乏一定的关心和了解。为了改变这种状况，有的学校建立了《小学生德育评估手册》《小学生操行评定手册》等，由班主任和家长现分别填写，使学校和家长都能对学生的发展状况及时掌握，有针对性地共同育人。

6．班主任通过多种方式了解家长对学校的看法。

为了了解家长对学校的看法，一些中小学还通过发放调查问卷、家长意见征求书、在学校内设家长意见、建议箱等方法及时了解家长对学校教育的看法、意见和建议，以便于学校汲取多方所长，与家长共同实现育人目标。

7. 通过多种媒体进行宣传，学校拓展和家庭的联系途径。

为了扩大学校和家庭的联系面，拓宽学校和家庭的联系途径，许多中小学和幼儿园还通过自办展览、板报、刊物和小型教育电台、电视台等方式，向家长积极宣传党和国家的教育方针、学校的教育状况、家庭教育的理论和方法等，积极加强家校沟通的同时，也提高了家长的家庭教育水平。

总的来看，在我国协同教育的发展道路上，家长学校是比较成熟、应用也相对广泛的形式，以社区教育为依托的形式则是一种正在逐步发展完善的形式。这些形式在我国协同教育的未来发展中将长期共存，其中以社区教育为依托的形式发展前景更为广泛。

为了促进我国协同教育的发展，我们还应重视以下几个方面的问题。

1. 国内关于协同教育的理论研究比较薄弱，有关的文章、论文、正式出版物等资料比较少见，这方面的专门研究也并不多。协同教育对于全面实施和推进素质教育的意义十分重大，为了深入推进素质教育，有关部门和组织应投入更多人力、物力对协同教育展开理论研究。

2. 全国各地有许多自然形成协同教育的较好做法和经验，应积极予以总结、提高和推广。

3. 在协同教育中应把培养学生的创新精神与创新能力作为重要目标，对于这一点而言，学校的认识可能是领先的，而家庭、社区的认识往往有一定的滞后性。因此，围绕“创造（新）教育”加大对社会的宣传力度、加强对有关人员的培训工作都是非常迫切的。

4. 办“大教育”是目前世界教育发展的一种重要趋势，协同教育在世界许多国家和地区已有了许多先进的理论和经验，我们应该广泛收集这方面的信息资料，并积极展开这方面的国际交流活动。

## 第二节　协同教育网络的建立

近年来，许多班主任辛勤工作，充分发掘和利用班级优势，已经或正在开创班级、家庭、社会三结合一体化教育网络（以下简称“网络”）的新局面。实践证明，“网络”的建立与运行，对班级德育工作由单一化转向社会化具有有力的促进作用，是班级实施德育工作的有效途径之一。它以班级为主体，与家庭、社会建立直接联系，以育人为目标，在社会大背景下实施育人工作，使教育内容得以具体化、多样化，更有利于学生接受，有利于形成教育合力，也有利于德育工作取得实效和教育质量得到提高，为培养社会主义建设事业的接班人提供坚实基础。

### 一、“网络”建立的必要性

面对时代发展的洪流和市场经济的大潮，有些班主任的“闭门”教育已无法适应飞速发展的形势要求。试图把学生关在学校围墙之内，使学校成为世外桃源般的存在是绝对不可能的。要想紧跟时代潮流，把握时代脉搏，班主任必须将一切教育力量联合调动起来，形成立体的教育网络，只有这样才能为培养跨世纪的一代新人做出贡献。

学校教育职能无法取代家庭和社会的教育职能。许多情况表明，影响学生的渠道是多方面的，其所受影响的性质也是多元的。

社会上，各种不同的价值观通过不同渠道对学生发挥影响，鱼龙混杂，利害参半。如果学校不努力发挥教育的主导作用，就更会降低学校的德育实效。

许多班主任都充分认识到自己是学校与家庭、与社会联系的纽带，应该利用工作赋予自己的特殊位置，自觉建立起“网络”系统，形成教育合力，教育好学生。

## 二、“网络”系统的建立

在建立“网络”系统方面，许多班主任已经积累了一些较好的经验。其主要经验和做法如下。

### （一）提高理论水平，做好思想准备

许多班主任认为，首先，必须认真学习教育理论，对教育的大背景、环境和条件进行刻苦研究，研究在当前形势下，德育工作中出现的新问题，研究教育对象，研究教育的过程及教育规律，研究家庭教育、学校教育和社会教育三者之间的关系。这样才能使自己站得高，看得远，想得深，抓得实。其次，必须具有高度责任感和使命感及无私的奉献精神。

### （二）大力加强宣传工作，做好组织准备

建立“网络”，要大力加强宣传工作，使每一位家长及有关人员都明确其意义，将宣传与组建工作有机结合起来，共同进行。

#### 1. 成立家教协作小组

根据班级学生居住地区集中的特点，按地区成立家庭教育协作小组，请威信高、组织能力强并对青少年工作充满热情的家长担任协作小组组长。班主任应定期深入各协作小组，向家长们提供家教指导和咨询服务。这样，不仅培养训练了家教骨干，也向

家长们宣传了家教科学知识，一举两得。

2. 办好家长学校，让家长们学习正确的家教理论，掌握科学系统的教育方法

家长学校一方面可采取讲座的形式，另一方面也可采取自学教材、集体讨论的形式。可以灵活安排时间。内容的针对性要强，应与学生的年龄特点、家长思想实际相结合，并兼顾社会形势。

班主任可以邀请家长参加班队会，参加学校的"家长开放日"，与学生一起开会、听课、活动。有的班主任还创办《家庭教育小报》，向家长们积极宣传家教知识，介绍本班家庭教育的先进经验，从而增强家长的参与意识。

（三）建立"网络"系统，形成班级教育新局面

班主任通过展开细致的工作，使班级"网络"系统逐步形成，其"网络"形式主要有三种。

1. 在学校德育领导小组的领导下，班级成立由班主任、任课教师、家长代表、地区单位代表组成的德育核心小组。其职责是以学校总目标为依据，定期对班级德育情况进行研究，并尽力协调各方面的力量，使学校、家庭、社会教育得以有机结合起来。

2. 在班级德育核心小组的领导下，按地区分片正式成立家教协作小组，将所有家长有效组织起来。这样，就形成了学校德育领导小组—班级德育核心小组—家庭教育协作小组的三级组织系统。

3. 在校外建立班级德育基地，聘请相关人员为兼职辅导员，或参加班级德育核心小组。选取适当时机召开大会，邀请全体学生家长、学校领导、任课教师及相关人士出席，隆重宣布"网络"正式建立。

## 三、充分发挥班主任作用，指导"网络"良好运行

“网络”正式建立，并不意味着班主任工作减轻，也不表示“网络”就能在正常轨道正式运行，还需要班主任努力做好以下几方面的工作。

（一）积极开展班级德育核心小组的活动

班主任要认真组织成员对德育大纲及有关文件进行系统学习，使大家的认识得以统一，明确德育目标。组织他们努力搞好调查研究，摸清学生思想状况，确定教育专题，制订教育方案，组织实施教育活动。定期召开相关会议，研究具体工作。使每位小组成员的积极性得到充分发挥，在德育核心小组中起到领导作用。

（二）建立一支兼职辅导员队伍，开展专题教育活动

聘请革命老前辈、战斗英雄、劳动模范、企业家、工程师、国家干部、武警指战员、科学家及各行各业热爱教育事业的同志担任兼职辅导员。根据班级思想教育计划，组织专题报告会、座谈会等，并积极邀请他们参与班级各项教育活动。这不仅对班集体的形成有一定的促进作用，同时对地区的精神文明建设也有重要意义。

（三）建设德育基地，开展社会实践活动

利用革命烈士纪念碑、博物馆、光荣院、敬老院、公园、文化体育场所等建设德育基地，定期开展丰富多彩、具有教育意义的社会实践活动。例如，开展“六个一”活动，即“听一次报告、站一次岗、打扫一次卫生、栽一棵树、写一篇感想、搞一次演讲”；开展评选活动，根据相应评选准则对小讲解员、小导游员、小服务员、小保洁员和劳动小能手等进行评选；开展利民活动和精神文明共建的活动。

（四）指导家教协作小组开展家教活动

组织指导家长学习报纸杂志上的相关优秀文章，帮助他们总结、分享家教经验，并对优秀家长开展表彰大会。深入家庭，解决家长在教育子女过程中遇到的具体困惑和问题。

充分调动家长的积极性，会使学生在校外受到的不良影响大大减少，校内教育也就更有成效。

总之，班级、家庭、社会三结合一体化教育网络的建立与运行，会使班级德育工作和班集体建设取得更为显著的实效，同时也会促进地区精神文明建设，优化家庭教育环境，从而使学生身心得到健康发展。

## 第三节　办好家长学校

一个人的先天条件为他后天的发展提供了物质前提和可能性，要想把这种可能性变成现实，还得依靠后天的环境和教育——这就是马克思主义的教育观点。什么是环境？环境是影响人的一切活动的外部条件的总和。环境包括自然环境和社会环境。社会环境是人的身心发展的主要影响因素。对孩子影响最大的社会环境是家庭环境。苏联教育家 A.C. 马卡连柯曾经提出：“家庭是最重要的地方，在家庭里，人初次向社会生活迈进。”家庭教育为学校教育提供了基础和补充，家庭教育打下的基础和配合程度在很大程度上会影响学校教育的成效。那些在各方面表现都较好的学生大多受到了积极的家庭教育和家庭环境的影响；而品德不良的学生或者后进生，往往受到消极的家庭环境和家庭教育的影响。为了更加有效地教育学生，班主任必须在做好家长工作上下功夫，改变一些家长陈旧的教育观念和死板的教育方法，必须有效发挥学校的主导作用，优化育人环境。实践证明，这为改变学校面貌，提高育人水平提供了重要途径。

学校开办家长学校，针对家长在家庭教育中出现的实际问题，可以有针对性地开展家庭教育专题讲座，向家长讲解一些基本的教育科学知识、青少年生理发育和心理发展的特点和规律，指导家长认真学习家庭教育的原则和方法，掌握家庭教育的艺术。重点是指导家长掌握示范教育和养成教育的原则和方法，要求家长言行一致，凡是要求孩子做到的，家长首先要做到，积极为孩子树立榜样。

## 一、办好家长学校的措施和方法

### （一）指导家长学习理论，提高自身素质

V.A.苏霍姆林斯基指出，不关心家长的教育修养，任何教学和教育任务都不可能解决。

潜移默化、耳濡目染是家庭教育最大的特点。仅仅向家长们讲解家庭教育的方法，并没有抓住问题的实质。更重要的是要指导家长学习并掌握家教理论，努力使自身素质得以提高。

由于我们把努力提高家长自身素质作为重点进行大力宣传，因而许多家长开始重视自身的示范作用，努力学习，为孩子树立榜样，使家庭教育水平明显提高。下面引用的是一位家长听完家庭教育讲座后的学习总结。

以前，我们在教育子女时，经常出现如高尔基所说的那种“母鸡式”的爱，这种爱确实会给孩子的成长带来不利影响。孩子上小学时，家长对于他的要求几乎完全满足，使孩子认为只要他说什么，家长都会听。不严格要求孩子，认为孩子年纪小不懂事，长大了再教育也不晚。孩子上了中学以后，随着年龄的增长，已经不像小时候那么好管了。孩子认为自己已经长大了，已不需要

父母的管教了，而且认为自己也要有一定的家庭地位。家长却认为，孩子长大了就应该被管得严点。于是，孩子接受不了，经常和家长对立、顶嘴。有时孩子犯了错误，家长不问缘由，直接采取粗暴的方式，不但无法解决问题，反而使孩子和家长的感情更加疏远，孩子不愿意和家长分享自己的事，犯了错误就更怕家长知道。这样对孩子及时改正错误极其不利。尤其是孩子被周围人讥笑、看不起时，就会产生自暴自弃的情绪，破罐子破摔，不求上进，甚至走向邪路。要想教育好子女，家长有必要给孩子树立良好的榜样，只有自身做好了，才能影响和教育好子女。

（二）了解学生，了解家长，深入细致地做好工作

为切实提高教育学生的效果，班主任必须从各方面全面地了解家长；同样，为了切实有效地为家庭教育提供指导，班主任也必须从各方面对家长进行全面的了解；否则，就无法有效地对家长进行指导。

许多学校不但形成了一支以校长为首，由政教主任和部分班主任组成的家庭教育理论骨干队伍，而且积极推广家庭教育理论使其在广大班主任队伍中得到普及。在实际工作中，多数班主任都能通过家访和与学生密切接触等渠道对每个学生的家庭状况有所了解，并能对家庭教育进行有针对性的指导。有的甚至可以成功解决家庭关系中的重大问题。

**【案例】**

初二班主任马老师对一个因父母离婚从而对父母产生怨恨、不予理睬的孩子进行了成功的教育。当孩子多年来第一次喊了一声妈妈，并亲手给妈妈做了一碗热汤面的时候，使这位中年知识

妇女感动得泪如泉涌。马老师写的论文也获得校内外的一致好评。

高中班主任金老师发现自己班上的团支部书记最近突然情绪压抑，学习不专心，精神恍惚。经了解，他的父母正在闹离婚，金老师了解到孩子的父母都是知识分子，从他们都热切地希望孩子高中毕业后能顺利考取大学的心理出发，分别对他们进行细致耐心的指导工作，双方均表示，为了孩子的前途，在孩子参加高考之前，决不再因个人恩怨闹矛盾，共同为孩子创造一个安宁的学习环境。

初二班主任何老师通过解决一个孩子偷手表的问题，从而帮助孩子的父亲改变了长期打骂孩子的坏习惯。由于父亲的改变，孩子的缺点也逐渐减少，并取得很大进步。

高中班主任饶老师，通过细致入微的思想工作，发现有一个孩子的情绪反常完全是由不良的家庭气氛造成的。她以无限的信任和满腔的热忱对待一个长期心理不平衡的17岁男孩子，当问到他为什么用绳子把父亲捆起来时，这个孩子讲出了压在心底多年的话："自懂事以来，10多年了，父母几乎天天打架，所有东西都摔坏了，每次妈妈都伤痕累累，鼻青脸肿，邻居和单位领导经过多次解劝始终都无效，我再也不想在这个家待下去了。"饶老师对学生家长做了细致耐心的工作，这一对夫妻为了孩子的健康成长再也不发生冲突了。孩子高兴地对老师说："神了，我爸妈半年多没打架了！这是从来没有的事！"自此之后，该学生也取得了很大的进步。

（三）采用多种方式，通过多种途径，指导家庭教育

学校定期开展家教咨询活动，请家长开座谈会，彼此交流经验，请家长在大会上介绍自己教育孩子的经验与教训，印发家教宣传

材料，为家长订《家庭教育报》，召开家长委员会会议，积极听取他们对学校工作的意见和建议。对于家长的意见，我们应该高度重视，这是社会对学校工作的客观评价。

## 二、办好家长学校的体会

### （一）提高认识是前提

著名教育家V.A.苏霍姆林斯基曾把儿童喻为一块大理石，他说，把这块大理石塑造成一座雕像的六位雕塑家分别是：家庭、学校、儿童所在集体、儿童本人、书籍、偶然出现的因素。其中学校和家庭是所承担责任最重要的两位雕塑家，而学校则担任着“指挥者”的任务。

从大教育观的角度来讲，学生个性的全面发展，受到来自家庭、社会、学校等多方面的影响。家庭教育是基础，学校教育是主导，社会教育为家庭教育和学校教育提供了大环境和基本保障。在这个主体教育网络中，主渠道是学校教育，这是一种客观必然，是由学校的社会职能决定的。

面对当前的教育实际，学校如果不为家庭教育提供必要的指导，学校教育也就无法搞好，所以要把这项工作列入学校工作计划中，摆在学校工作的日程上，不要把这当成学校教育的额外负担。

### （二）抓好落实是关键

家长学校能否办好，能否长期坚持，关键在于这个学校有没有形成本校自己的理论骨干队伍，有没有形成完整的德育管理制度，安排是否得当，是否可以成为学校工作中有机的、不可分割的重要组成部分。这是有没有自我发展能力的标志，如若没有，就很难长期坚持下去。近几年来，有些学校的校长和政教主任坚持给家长讲课。他们自编讲义，认真备课，不断汲取新的营养以丰富讲稿，不断结合实际更新教学内容，所讲内容生动具体，感染力强。新生入学前两个月，可以为家长开展系列讲座，发放教材，按时上课。政教处要认真进行组织工作，仔细做好考勤记录，学完后写书面总结，发放结业证书并收集家长和学生的反馈信息。

（三）讲求实效是宗旨

许多家长对家庭教育的含义理解较为片面，具体表现在三个方面：其一，认为家庭教育就是家长经常对孩子进行说教，让孩子听话，好好学习，别犯错误；其二，将家庭教育与抓孩子的智育等同起来，认为家庭教育就是使孩子成绩优异，能升入理想的学校，将来找个好工作；其三，认为父母关心孩子就是嘘寒问暖，关心孩子的身体健康，让他们吃好、穿好、不生病。

针对家长们产生的这些片面认识，班主任应引导家长关心孩子的品德修养，关心孩子的精神世界，掌握正确的与子女相处之道，以自己的正确言行和表率作用影响孩子。

家长应加强自身修养。孩子是家长的一面镜子，孩子身上的缺点错误，往往与家长本人没有起到良好的榜样示范作用、没有合理的教育方法有直接关系。要想改变孩子的现状，家长首先必须改变自身的现状。

家长们还需要认识到，如果希望孩子成为一个讲文明、懂礼貌、孝敬父母、努力学习、品德优良、热爱劳动的好孩子，自己就必须在这些方面给孩子树立良好的榜样。具体来说，父母要想富有成效地教育子女，首先就要使自己成为孩子心目中有威信的好家长，要想成为一个好家长，就要加强家长的社会角色意识。具体来说，必须努力做到在工作单位是一个好干部、好职工，在自己父母面前是一个孝顺合格的好儿女，在爱人面前做称职的另一半；自己待人处事要讲文明、懂礼貌，做一个品德端正、遵纪守法的好公民。只有这些都做到了，才能为孩子树立一个优秀的榜样。为了教育孩子，父母们都应积极加强自身修养，净化自己的心灵，优化育人环境，这样，全民族的素质也会得到大幅提高，这是学校指导家庭教育的重大社会价值和社会意义。通过办家长学校，对家长进行教育，能促进社会的进步和民族素质的提高。

# 第四章

## 指导家长的艺术

## 第一节　应指导家长提高自身的修养

父母的一言一行都会对孩子产生深远的影响。作为班主任，应让家长认识到，用什么样的言行去影响孩子，很大程度上就是父母自身修养的问题。

### 一、家长修养与孩子的健康成长

首先，我们应该明确“家长修养”的含义。“家长”指孩子的父母或直接负有监护与抚养、教育责任的长辈。“修养”指人的文化素养、心理品质（包括性格）、道德品质等所达到的一定的水平和正确的待人处事态度。我们所说的家长修养既包括家长当前的修养状况，也包括家长不断提高修养的过程。

对于孩子来说，家长修养状况本身就是十分重要的教育因素，而且随时随地发挥着重要的影响作用。

家长是孩子成长中最重要的教育影响源，家长的情感、态度、言行往往都是家长修养的重要表现，在生活中为孩子提供了鲜活的学习榜样。家长的影响既包括有意的教育，也包括无意的影响。不管家长是否承认，“孩子是家长的影子”这句话，就是对客观现实的重要反映。家长内心深处的善与恶、美与丑，都会通过情感、态度、言行等方式表现出来。孩子从表面看到、学到的东西，最终会内化为自己心灵的品性，又会以自己的情感、态度、言行等方式外化出来。一位教授曾经做过一项调查，调查对象为57户父母因劣迹行为而受到刑事处罚的家庭，这些家庭的子女中，有54个孩子也有与父母相类似的不良行为并受到了处罚。这些家庭中的父母并没有刻意教自己的孩子去做坏事，而且他们中的大多数不希望孩子知道自己的劣迹。为什么这些家庭中的孩子产生不良行为的比例如此高呢？正是因为家长的日常影响已经潜移默化地内化为孩子的品性，这种品性会自觉或不自觉地表现于生活中。

中国有一副传统的对联："忠厚传家久，诗书继世长。""忠厚"与"诗书"就是对家庭主人道德修养和文化修养的重要反映。家庭主人（家长）的修养水平高，就会使家庭立足社会，流传久远，乃至兴旺发达。虽然这副对联产生于封建社会时期，所说的道德、文化也都具有特定的内涵，但它所传递的思想是有一定借鉴意义的。

现在，部分家长经常用哄的办法来对待年幼的孩子，为达到暂时的目的，随便向孩子承诺，事后却不兑现自己的诺言，有时甚至忘得一干二净。对于家长的这种做法，孩子往往都记在了心里。长久下去，孩子将不再相信家长的话。以后，孩子甚至也会学着家长的样子去哄骗别人。

那么，家长的不良行为就一定会给孩子带来不良影响吗？不一定。这要看家长有没有正确认识自己的不良行为，有没有对孩子进行正确的引导。如果家长对自己的行为有了正确认识，一方面，家长努力改正自身错误，一方面坦诚分析，向孩子讲清道理，让孩子学会明辨是非。这样，家长能正视自己的问题，就会对孩子产生良好的影响。当然，家长坦诚分析，也要考虑孩子的年龄和懂事程度。

我们同样认为，家长提高修养的过程，对孩子而言，也是一种积极的影响，起着重要的教育作用。

人无完人，每个人都或多或少存在缺点和不足。提高自身素质、不断完善自我修养是永无止境的过程。况且，当今社会发展变化的速度如此之快，人处在"终身社会化"的过程中，唯有不断提高自身修养，才能更好地适应社会。对于家长有意识地改变自己、提升自己的举动，孩子是能感受到的。家长提高修养的方式和过程，会对孩子产生启迪和影响，促使孩子不断追求进步，完善自己。有的家长经常跟孩子交流学习、生活乃至工作上的体会，使孩子受益匪浅。

**【案例】**

有一位家长吸烟成瘾，几次戒烟都以失败告终。一天，他下班回家，突然发现上中学的儿子在偷偷地抽烟。他生气地训斥、责问儿子："小小年纪，怎么学抽烟？你跟谁学的？"儿子说："跟您学的。""我什么时候教你抽烟了？""我觉得您抽烟很好玩，先是捡您扔掉的烟头抽着玩，后来越来越爱抽，就悄悄拿您烟盒里的整根儿的烟抽。再后来，就用零花钱去买烟抽了。"父亲听完十分震惊，为了教育孩子，下决心一定戒烟，并请孩子、妻子和同办公室的同事帮忙监督自己。一次，在家里，儿子看见父亲拿着烟闻来闻去的样子十分可怜，就说："爸爸，您抽吧，甭戒了，我不抽就是了。"父亲说："我必须抵抗诱惑。"经过几个月的努力，这位父亲真的成功戒掉了烟。孩子写了一篇题目为《我的爸爸》的作文，文中写道："爸爸真的把烟戒了，我当然也不抽了。最重要的是，在这个过程中我看到了爸爸的决心和毅力。这种品质更值得我学习。"

这位父亲戒烟的过程，就是提高修养的过程，对孩子产生了无法估量的教育意义。

为了孩子的健康成长家长需要不断提高自身修养；家长提高自身修养后对孩子健康成长起到更加积极的作用。有一位年轻的妈妈，从怀孕时期就开始学习教养孩子方面的科学知识。孩子出生之后，她开始写日记记录孩子的成长过程。同时，她还不断学习，不断总结自己教育孩子的心得体会。随着孩子的健康成长，她的知识面也不断扩大，教育孩子的能力也不断提高。后来，她在一篇文章中提出“家长和孩子一起成长”的观点。于是，“家长和孩子一起成长”的观点逐渐被广大家长接受，成为一句家庭教育的名言。

教育是一种情感伴随其中的理性行为。而教育理性必须通过提高自身修养才能获得，因此，班主任在与家长沟通时，应让家长充分认识到，所有为人父母者都应该自觉提高自身修养，使自身以及孩子都得到更加有益的发展。

## 二、家长的道德修养

素质的基础内容是道德，如果一个人的道德水平低下，那么他的整体素质也不会高。个体的道德是社会道德的基础。人的道德水平是衡量社会整体精神风貌的重要标志，也是社会和谐、稳定及发展的重要保证。在家庭中，作为家庭主导者的家长的道德状况，是家庭是否幸福美满、温馨和谐的重要影响因素，也是家庭建设、子女健康成长的重要保证。

“以德育德”是道德教育的基本途径，即以家长的“德”育孩子的“德”。因此，在家长的全面修养中，道德修养居于首位。

一个人的道德认识、道德情感、道德意志、道德行为综合反映为他的道德状况。道德修养是多者的统一，只靠认识，没有行为是不够的。只讲口头道德而忽视道德行为的人是修养差的表现。人们最讨厌那种表里不一的人。道德修养的艰巨性在于心、口、行长期保持一致。家长的道德修养对孩子的道德发展起表率和引领的作用。

家长要从家庭美德、社会公德和职业道德等多方面去努力提高自身的道德修养。这些方面的道德修养互相联系、互相渗透，共同形成一个人的整体道德面貌。

家庭美德是家庭生活中处理人际关系和事物的行为规范。家庭美德建立于对家人爱的情感基础上，并不存在没有情感基础的道德。因此，家庭美德的修养应从培养对家人纯真、浓厚的爱开始。情感是一种客观存在，每个人对自己家人的爱的程度都是不同的。如何使自己对家人的爱更纯真、更浓厚，如何不断提升自己对家人的爱呢？这应是在施与爱和感受爱的过程中不断发展的。有一位学者曾经讲过："一个人爱谁，应该要使对方感受到爱的情感；谁爱我，应该是我自己是否感受到爱的情感。我爱你，并不能单纯以我的感受为出发点。"有的人主观上爱家人，而且也有爱的行动，但是并没有使别人感受到爱的情感，或者感受并不深切。这就存在着爱的情感的出发点和爱的表达方式的结合问题。从人的修养来说，爱的情感并不是一泻千里、汪洋恣肆就好，爱应有适合的度。溺爱与过于矜持的爱，都有失于度。

家庭美德的行为准则主要包括孝敬父母，尊重、关爱家人，为家人排忧解难，善待亲友，和睦邻里，勤俭持家等。

孝敬父母是中华民族的传统美德，也是当代中国家庭道德建设的重要组成部分。在当今社会，一些年轻的家长在一定程度上丧失孝敬父母的美德，索取多于孝敬，从而影响了他们的子女。其实，家长都期望自己的孩子孝顺父母，只是对孝敬父母的品德是如何形成的没有清晰的认识。孩子孝敬父母，与家长的道德熏陶和及时教育是分不开的。如果家长孝敬自己的父母，尊重长辈，为孩子树立榜样，孩子耳濡目染，接受熏陶，自然会孝敬父母，尊重长辈。北京有一个家庭被评为"教子有方"十佳家庭，他们特别讲述了培养孩子孝敬父母的问题，认为他们的主要经验是以自身孝敬父母的言行影响孩子。孩子刚刚懂事的时候，他们每次去给远方的母亲寄钱都带着孩子，还告诉孩子在做什么事，为什么做这件事。孩子会写字时，就让孩子亲手写汇款单。等到孩子长大，能够自己去给奶奶寄钱了，就让他自己去做这件事，父母对他的行为及时给予肯定。家长孝敬父母的行为对孩子产生潜移默化的影响。如果家长不孝敬父母，那么他的孩子将来也不会孝敬他。

尊重、关爱家人，为家人排忧解难是家庭美德的重要组成部分。尊重是指尊重家人的人格。家庭中的每个人都有自己独立的人格，而且每个人的人格是平等的。这完全不同于封建时代的尊卑观念。对于这一点，很多家长认识不到位。有的家长将孩子看作自己的私有物品，以主宰者的角色对待孩子；有的家长要求孩子尊重自己，自己却不尊重孩子；有的家长无视自己的言行，自己不尊重自己的人格，也不尊重其他人，更不尊重孩子。有了人格上的尊重，才会有行为规范的出发点和立足点。在尊重的前提下，关心、爱护家人就应对家人嘘寒问暖，体察家人处境的顺逆、情绪的细微变化、身体的状况，特别要注意关心家人的心理感受。要以正确的态度对待家人的成功和失败，多鼓励，多理解，不苛求，不责骂。特别是当家人遇到重大困难和挫折，处境艰难的时候，应多给予抚慰和帮助，使家庭成员感到家人的温暖，感到背后有支撑，有动力，有希望，从而有克服困难的信心和勇气。

善待亲友、和睦邻里讲的是处理与亲友、邻里之间人际关系的基本法则。亲戚、朋友是除家人以外交往最多、关系最密切的人。中国历来提倡和睦亲友，礼尚往来。一个家庭有喜事，与亲友共同分享，有困难，大家一起帮忙克服。处理好邻里关系也非常重要，“远亲不如近邻”，邻里关系好，同样对各个家庭的发展有积极意义。

中国人民对于“以邻为壑”的言行十分唾弃。家长应努力提高善待亲友、和睦邻里的修养，这对孩子产生的积极影响是不言而喻的。孩子有他的小伙伴，有他的同学，孩子在处理与伙伴、同学之间的关系时会模仿家长，将来进入成人社会，能够积极建立良好的人际关系，这对于个体及周围的人的发展都有非常重要的意义。

勤俭持家是中华民族的传统美德，勤劳和节俭是相辅相成的。勤劳的人知道财富来之不易，才更懂得节俭；节俭的人更懂得勤劳的可贵。人们历来反对奢侈与享乐主义，积极倡导勤俭持家的良好家风。“由俭入奢易，由奢入俭难”已成为警示产生奢侈行为的名言。今天，随着经济水平的提高，人们的消费观念也在一定程度上发生了变化，勤俭持家与现代消费观念是否矛盾呢？两者并不矛盾。现代消费观提倡合理消费，而不是盲目消费；是对人的身心（包括品德）健康发展有利的消费，而不是对人的素质的提高不利的消费。社会上，一些盲目的消费观念、享乐主义会使人陷入危险的泥潭，甚至走上违法犯罪的道路。因此，家长的观念也会对孩子的金钱观、消费观的形成产生影响，家长能够勤俭持家，才能卓有成效地教育孩子不乱花钱。有专家提出，现在的年轻一代，出现了“消费超前，道德滞后”的倾向，特别值得教育工作者和广大家长注意。

家庭美德是人的道德修养的内容之一，与社会公德修养、职业道德修养构成一个整体。因此，一个成年人，特别是为人父母者，应全面提升自身的道德修养。在社会上，要自觉遵纪守法，遵守社会公共道德，爱国爱民，诚实守信，乐于助人，见义勇为，惩恶扬善，积极参加社会公益活动，尽量带动家人和孩子一起参与社会活动，给孩子树立良好榜样。在本职岗位上，要爱岗敬业，勤勉负责，不断提高业务水平，精益求精。由于激烈的社会竞争，难免会产生岗位变动，甚至出现暂时失业，这时家长应保持积极豁达的人生态度，努力谋求新的发展。家长面临挫折与困难时的精神面貌会对孩子产生巨大的影响。

家庭的经济状况与家长的道德修养并不存在直接关系，经济状况差的家庭，家长也可以有很高的道德修养。但是，不同的经济状况，对于道德修养而言会产生不同的利弊因素。家长应清醒认识这些利弊因素。为富不能不仁，家贫也出孝子。富足也罢，清贫也罢，社会对每个人有平等的道德要求。每一个人都应该努力成为道德的富有者。

### 三、提升家长的文化修养与创建学习型家庭

人的基础修养的重要内容之一就是人的文化修养。人的生活方式、言谈举止可以将人的文化修养表现出来。我们表述人的文化修养时常会用“文化品位”一词。家长的文化修养是十分重要的家庭教育资源，对孩子的成长会产生非常重要的影响。前面说的“忠厚传家久”的“忠厚”指的是道德，“诗书继世长”的“诗书”指的就是文化修养。今天，我们所讲的文化修养主要应包括三方面的内容：文化知识修养、审美修养、文化修养能力。在文化学习和文化实践的过程中可以使人的文化修养不断提高。

我们先讲文化知识修养。这里的文化知识是一个相对较大的概念，包括人文知识和自然科学知识两方面。这两方面的知识都是通过学习得来的，主要通过学校学习和自己学习两种方式。我们现在普及的九年制义务教育，其重要目的之一就是使年轻一代获得人生发展、社会发展所需要的文化修养，包括文化知识修养。文化知识修养有量、质、结构的问题。量讲的是知识的丰富程度，质讲的是知识的科学性和先进性，结构讲的是知识的合理建构与搭配。有的人认为有了本学科理论，知识修养就足够了，这是典

型的误解。同样的大学毕业生，知识修养可能千差万别。不仅在于学习课程知识的程度不同，还有自我学习方面的问题。文理科的学生对不同知识领域所学习的广度与深度也不相同。人的知识修养是不能分文科和理科的。因此，不断提高自身知识修养是每个人都要面临的实际问题。从家庭教育的角度看，孩子的成长需要对家长的知识修养提出了较高的要求。人们常说“学无止境”“活到老学到老”，提高知识修养亦是终身的任务。

文化修养的另一个重要内容是审美修养的问题。人都是追求美的，但人的审美需求、层次、水平则因人而异，各有不同。美，既有物质的，又有精神的；既有自然的，又有社会的；既有内在的，又有外显的。审美修养包括审美观念、审美标准、审美能力、创造美的能力等多方面的内容。在家庭生活中，言谈举止、服饰仪表、家居风格、兴趣爱好、饮食休闲都是对人审美修养的重要反映。外出旅游、走亲访友、工作学习过程也同样会反映一个人的审美修养。而这一切，都会对朝夕相处的子女起到潜移默化的熏陶作用。如果一个家庭的长辈有较高的审美修养，那么他们的孩子可能也会具有较高的审美修养，这都会对家庭以及孩子未来的生活质量产生重要的影响。如果家长忽视审美修养的问题，有可能会产生两种情况：一种是孩子审美修养的发展落后于其他重视审美修养的家庭中的孩子；一种是孩子在学校或其他有利于审美发展的环境中受到较好的审美影响，对家长和家庭的审美环境表现出不满，从而产生离心倾向。因此，家长应该重视审美修养的问题。

审美修养与道德修养、知识修养是一致的，互相渗透，而且可以同步发展，互相促进。当前有的家长，特别重视孩子的学习成绩，这是可以理解的。但是如果在培养孩子的过程中忽视道德修养和审美修养的提升，就会使自身的发展和孩子的发展出现偏差。提高审美修养并不是要求家长去大量阅读关于审美的书籍，而是要求他们在日常生活中注意自觉接受审美影响，并在实际生活中去发展和提高自身的审美能力。比如，参观各种艺术展览，欣赏自然风光，画画写字，养花插花，注意家庭装潢、家居布置，注意个人服装、个人修饰，注意孩子的环境建设，注意文明言行等。当然，适当阅读一些有关审美的书籍报刊也是必不可少的。

文化修养的第三个方面是文化修养能力问题。文化修养能力主要表现为人的文化修养表现能力和不断提高文化修养的能力。人的内在的文化修养与外显的文化修养是一个整体。有的人知识水平高，讲道德，懂美丑，然而却经常衣着不协调，甚至邋里邋遢。有的人，书读得很多，头脑里知识丰富，但是无法将知识运用于实际生活中，过去有人称这种“死读书，读死书”的人为“两脚书橱”。这就反映了一部分人的文化修养的外显能力很差。看着人家种的花漂亮，自己不会养花；看着人家的家庭装饰好，自己不会布置，这就是欣赏美与创造美的不同。看着人家写的文章好，自己却写不好一篇短文，这就是欣赏文章与写文章的差异。因此，这些都反映了文化修养有表现能力的问题。从提高文化修养的角度说，还有一个自觉提高文化修养能力的问题。首先是学习能力——文化修养的自我评价，书籍、报刊、网络内容的选择，影视作品、文学艺术作品的选择与鉴赏，阅读能力，观察能力，记忆与思维能力；其次是将文化知识与实践完美结合的能力——将科学知识运用于家庭生活、社会生活中，将审美知识自觉运用于生活中，也就是我们常说的“学以致用”，理论与实践相结合。

现在，社会上大力提倡“创建学习型家庭”，这是社会发展对家庭建设提出的新的、更高的要求，是每个家庭提高文化修养、提高生活质量和品位的重要途径。学习型家庭的基本特点如下：

其一，家庭生活条件越来越好，能有计划地将部分收入用于购置书籍报刊及文化用品，满足家庭成员日益增长的文化科学知识需要。其二，有计划地开展家庭学习活动，共同学习与个人学习相结合，给予充分的自由交流讨论的时间，互相促进。其三，开展丰富多彩的家庭文体活动，在文体活动中学习，以文体活动促进学习。其四，积极发展家庭成员的兴趣爱好，如书法、绘画、摄影、集邮、收藏、花卉种植、科技制作等，既可丰富知识，又可以陶冶人的性情，提升人的创造力。

创建学习型家庭的重担，首先落在家长的身上。我们希望为人父母者可以紧跟时代发展的步伐，在“创建学习型家庭”方面贡献自己的力量。

## 四、更新家庭教育观念，实践成功的家庭教育

教育是伴随着强烈情感的理性行为，包含着情感与理性的因素。学校教育如此，家庭教育也如此。在家庭教育中，家长应认识到，由于亲缘关系，情感因素占有更为重要的位置，情感冲击理智的现象也经常出现，使得教育失当，产生不良后果。因此，从家庭教育的具体需要出发，有必要把更新家庭教育观念，学习家庭教育科学知识，实践成功的家庭教育作为提高家长修养的重要内容，单独进行阐释。

教师在指导家庭教育实践中发现，许多家长对家庭教育方法特别感兴趣，总希望有人能教给他们一些家庭教育方面行之有效的方法，一用就灵，使孩子飞快进步，使孩子的学习成绩可以得到大幅度提高。家长的这种愿望是可以理解的。但是，我们必须真诚地告诉家长，与方法问题相比，家庭教育观念和家庭教育规律问题则更为重要。任何方法都是观念和规律的反映，不从根本上解决观念和规律问题，使用的方法就缺失根基，再好的方法也

难以奏效，还可能产生相反的结果。

本书前面已经对如何更新家庭教育观念的若干问题进行了论述，关于如何更新家庭教育观念这一问题，笔者从家长修养的角度做简单说明。

人的观念是在教育传承、环境影响、个人学习和实践经验的基础上形成的。没有一定观念的正常成年人是不存在的，他们的观念只会有丰富与简单，正确与错误，系统与凌乱之分。家庭教育观念是人的观念的重要组成部分，成年人一般都会对家庭教育有一定的看法。任何观念都离不开人的世界观、人生观、价值观（即“三观”）。家庭教育观念是人的世界观、人生观、价值观的重要反映。社会上，人们的“三观”呈现出非常复杂的情况，家庭教育观念也是如此。一个人的“三观”很难完全正确。不同民族、不同信仰、不同经历、不同社会制度都会影响一个人的“三观”。然而，家庭教育作为一种社会现象，也有自身独特的发展轨迹。有史以来，经过长期发展，不同国家、不同民族的家庭教育也积累了许多具有共性的、符合规律的认识，而且经过不断总结提高，成为全人类的共同财富。中国的家庭教育传统源远流长，是世界家庭教育资源不可或缺的一部分。当代中国家长确立的家庭教育观念应该是既符合普遍规律又具有中国特色的符合中国实际的家庭教育观念。如果一个家庭想在家庭教育方面获得成功，想把孩子培养成德才兼备的人，确立正确的家庭教育观念是首要因素。

如何形成正确的家庭教育观念呢？单纯靠看两本书、听几次报告是无法形成的。形成正确的家庭教育观念是一个漫长的过程，首先应学习、理解当代的家庭教育观念，然后深入思考，与头脑里的原有观念比较、磨合并进行扬弃，还要运用新的观念指导家庭教育实践；在实践过程中，进一步思考、总结、修正，逐步系统化。

对一般家长来说，这样的过程可能要求过高了。我们认为，这一系列过程不仅可以帮助家长形成正确的家庭教育观念，还可以帮助他们提高其各方面素质。任何一位不断追求进步与发展、期望实现成功的家庭教育的家长，都会把教育与培养孩子的过程视为不断学习与提高自身的过程。如果只想教育孩子，自己不肯下功夫，家庭教育是无法取得成功的。教育领域有一句名言："教育者必先受教育。"这同样适用于家长。

家庭教育观念涉及多方面的内容，包括儿童观、人才观、亲子观、教育观等。各种观念是一个互相联系的整体，更新家庭教育观念绝不能孤立进行。各种观念包含非常丰富的内容，这里，笔者将结合家庭教育实际做初步说明。

儿童观是家长怎样看待孩子的问题。教育的重要前提是尊重孩子的人格，如果家长不尊重孩子，家庭教育就无从谈起。家长真正做到尊重孩子是十分不易的。尊重不是不管教，更不等同于放任。尊重是指在教育过程中，要始终把孩子视为有独立人格的人，时刻考虑孩子的感受，要树立人格平等的意识，要注意尊重和保护孩子的自尊。某位教授到朋友家做客，发现孩子叫"爸爸""妈妈"时，父母一般不会马上给予回应，而是先蹲下身子，或者先把孩子抱起来放在较高的地方，再开始与孩子对话。教授问及朋友原因，朋友说是为了能够跟孩子在同等位置进行对话，不居高临下地跟孩子说话，以表示对孩子的尊重。孩子是成长中的人，要求我们应根据孩子成长的规律教育和引导孩子，既不能拔苗助长，也不能有所滞后。而且，应该允许孩子在成长过程中出现错误，引导孩子在纠正错误中得到成长。孩子是终将要独立的人，这就要求我们重视孩子的社会化过程，注重培养孩子的独立性，逐渐减少其对家长的依赖，使孩子将来能够顺利地迈向社会。这就要求我们应随着孩子的年龄增长，逐步培养其独立意识和多种能力。

人才观是对人才的基本看法，这是许多家长无法解决的问题。家长都希望把自己的孩子教育培养成人才，但很多家长并没有深入思考过衡量人才的标准究竟是什么。近些年来，相当多家长认为获得大学本科或更高学历的人就是人才。这种看法有一定片面性。社会需要有真才实学的人，文凭并不完全等同于本领。上大学的确为增加才干提供了重要途径，但是，如果缺乏培养能力的意识，只重视知识的学习，忽视能力的培养，孩子是很难成才的。我们的社会发展对人的要求呈现这样一种趋势：从单纯的要求学历到要求学历与能力并重，再到重视能力。未来社会，随着高等教育逐渐普及，接受高等教育的人将越来越多，人与人之间的竞争，更多是能力上的竞争。在教育孩子时，应重视四大方面的内容，即人格、知识、能力和健康。孩子必须努力学习科学文化知识，但是，大多数家长并不擅长教知识，而人格、能力、健康的教育则是家长们能够做好的。人格是一个人素质的核心，也是家庭教育的首要内容。然而，由于观念认识上的误区，很多家长将教孩子知识视为自己的主要任务，甚至是唯一任务。班主任应指导家长及时改变这种错误的观念。

亲子观，是关于正确看待家长与孩子之间血缘关系的观点。孩子是家长的骨肉，同时也是社会的小公民。家长与孩子之间的亲情和血缘关系是无法改变的，只有自家人才能感受到家庭的天伦之乐、享受父母长辈与孩子之间的浓烈而细腻的情感互动。但是，情感与理智往往会产生矛盾。从理智上讲，孩子也是社会成员之一，家长有责任与学校、社会相互配合，逐步把孩子从一个自然人培养教育成一个社会人。如果家长缺乏认识，家庭教育就可能存在片面性。孩子与家长虽然有血缘关系，但孩子并不是家长的私有财产。孩子既属于家庭，又属于社会，教育培养孩子，既是家庭责任，又是社会责任。孩子总有一天要步入社会、服务社会，并且得到社会的回报。如果家长抱着狭隘的亲子观对孩子进行教育，孩子无法成为真正适应社会的社会成员，更难以成为国家的栋梁之材。许多家长对孩子疼爱有加，把孩子作为家庭的中心，对孩子溺爱、放任。狭隘的亲子观有百害而无一利。

教育观，这里指如何认识家庭教育的问题。学校教育、家庭教育、社会教育，构成了教育的三大支柱。年轻一代在三大教育环境中成长，三种教育既有联系又有区别。现在提出的“教育是系统工程”强调的是教育的整体性、协调性、同步性。家庭的实际特点决定了家庭教育有相对独特的观念体系，如“父母教育职责”“隔代教育”“家庭育人环境”“家庭早期教育”“家庭德育”“家庭智育”“家庭辅导”“家庭班主任”“家庭健身”“家庭教育规律”“家庭教育途径”“家庭教育方法”“家庭教育误区”等。班主任要认真学习和思考家庭教育的观念，不能简单地将其与学校教育混为一谈。使家庭教育学校化，把学校教育的一套直接套用到家庭教育中去。甚至，家庭成了要求更严格的学校。这样，是不利于孩子健康成长的。搞好家庭教育，并不是要求家长从理论上掌握家庭教育的观念体系，而是希望家长可以了解家庭教育的特点，正确认识家庭教育的主要观念，避免出现将学校办到家里的行为。

搞好家庭教育，观念居于首位，其次是教育规律、教育途径和教育方法的问题。在正确的观念指导下，根据教育规律，选择正确的教育途径、有效的教育方法，必然会使家庭教育取得良好的成效。这是家长修养的重要内容，只有这样，才能避免盲目的家庭教育。希望家长可以联系自家的家庭教育实际，灵活运用家庭教育知识，积极总结家庭教育经验，让家庭教育发挥更大的作用。

## 五、为了孩子的健康发展，自觉完善自身的个性修养

个性，即人格，指一个人的整体精神面貌，即具有一定倾向性的心理特征的总和。个性对人的一生具有十分巨大的影响。人们常说“性格即命运”，而个性的核心内容就是性格。一位心理学家根据多项研究得出这样一个结论：智力正常，个性成才。这是讲优良的个性对一个孩子成长所具有的重要意义。我们对孩子进行教育的目的之一是使孩子形成良好的个性品质，这将对他的一生产生影响。许多家长没有认识到这个问题的重要性，在家庭教育中往往忽视这一问题。除了自觉地有意识地教育培养之外，家长自身的个性品质对孩子个性的形成也具有重要的影响作用。教育家K.D.乌申斯基说过：“只有人格（个性）才能影响人格（个性）的形成与发展。”可见，“以良好个性育良好个性”是一项重要的教育规律。人的个性形成以后，具有一定的稳定性，但并不意味着是一成不变的。环境的变化也可以影响个性，而人的世界观、理想、信念等也会随着社会的发展而发生变化；同时，一个人意识到自身的个性缺欠之后，努力进行自我调控，其个性也会不断完善。为人父母，必须高度重视个性修养，重视培养孩子的良好个性，以自身良好的个性对孩子的个性发展产生影响。

人的个性主要有三个层面的内容：第一，心理倾向，如人的需要、动机、兴趣、理想、信念与世界观；第二，心理特征，如能力、态度和性格；第三，心理调解，如自我认识、自我评价、自我感觉和自我调控。个性的多个层面并不是独立的，而是互相融合、互相影响的。一个成年人要从不同层面去努力，从而提高自身的个性修养。每个人的个性都有优长之处，但也存在一定的欠缺。家长要对个性的基础知识进行学习，联系自身实际，对自身的个

性情况进行客观的评价，找出优点和不足。

建议家长评价自己时从以下方面考虑：我的需要有哪些（包括物质需要、精神需要）？我的需要是否正当（特别是精神需要的内容是什么层次）？我的兴趣、爱好是什么（有无不良嗜好，我的兴趣、爱好可能带给孩子什么影响）？我的人生理想是什么？我在生活中有什么追求？我对未来有没有坚定的信念？当认真思考这些问题之后，家长就会对自己的个性品质形成一个基本的评价。

有了正确的自我认识和自我评价，就有了完善自身个性修养的目标和针对性。个性修养的关键是能够自觉地在人际交往、社会实践、生活实践、工作实践、学习实践中对自己进行调控，扬长避短。比如说，家长知道自己的部分兴趣爱好是不良的，对自己没有好处，对孩子只会产生不良影响，如酗酒、赌博等，那么家长就要努力克制自己的不良欲望，有意识地培养自己新的有益的兴趣、爱好。再如，自己脾气大，甚至有时动手打人，就应对自己发脾气的害处有一个充分认识，并对自己发脾气的原因进行分析，在要发脾气之前，采取转移注意力、自我暗示等方法，克制住自己，久而久之，就会改掉爱发脾气的毛病。古时候，有人用“制怒”的条幅时刻提醒自己，这是一种很好的自我暗示方法。教育孩子的过程既是一种交往，也是一种实践。在教育孩子的过程中，家长的言谈举止、喜怒哀乐都是家长个性的反映。家长应该经常反思自身在教育行为中的个性表现，善于发现问题，及时进行调整，这是提高修养的过程。

争取得到最亲近的人的提醒和帮助，也不失为完善个性修养的好方法。最了解我们的人当属亲朋好友，如果我们能经常主动地听听他们的批评与建议，听听他们的表扬与鼓励，我们的修养就会得到迅速提升。

平时有选择地观看文艺作品，有利于提高家长的个性修养。一个性格暴躁的人，经常看打斗片、枪战片，那么可能会使他的暴躁脾气加重。反之，如果他能经常观看平和、优雅、宁静的文艺作品，听舒缓、优美的音乐，那么他的脾气就会逐渐温和。如果他是自觉地进行修养，当然会取得更好的效果。

只要树立自我修养意识，有目的地进行书法、绘画、运动、旅游、交友等活动，就会对个性修养产生好处。完善个性修养的前提是完善人的理想、信念、世界观，这与人的文化修养、道德修养有着密切的关系。家长要在提高文化修养、道德修养的过程中，不断明确自己的理想追求，坚定自己的人生信念，磨炼自己的意志，向着既定的目标勇敢前行。

以上，笔者从不同角度对家长修养问题进行了讨论。其实，修养是一个整体的提高过程。根据每个人的不同情况，可以有所侧重，但不能过于单一。

家长提升修养的另一个重要途径就是向孩子学习。“教学相长”是一条重要的教育规律，在家庭教育中同样适用。家长向孩子学习，主要包含三个方面的含义。其一，孩子是天真无邪的，从一定意义上说，孩子纯净的心灵、美好的童心是一面镜子。成年人在孩子面前，往往会对自己非常丰富却又非常复杂的思想展开反思，有时会发现“不纯”甚至是“邪恶”的东西，难免会自惭形秽。孩子能使我们的心灵得到净化。其二，“孩子是家长的影子”，孩子的言行往往是家长自身影响和教育培养的结果。孩子的优点或缺点都能从家长的身上找到产生的原因。这是我们对自身修养和教育行为进行思考和总结的重要依据。其三，孩子随着年龄的增长，所学的东西越来越多，视野逐渐开阔，能力也日益增强，有些知识和能力是家长所不及的。对此，家长应该怎么办呢？能者为师，家长应虚心向孩子学习。这对孩子也是一种促进。家长必须树立“向孩子学习”的意识，如果总是居高临下，摆出教育者的架子，对家庭教育是不利的。

## 第二节　指导家长做孩子爱戴的好父母

教育的前提是孩子乐于接受，因此，班主任应指导家长做孩子爱戴的好父母。

### 一、家长怎样做，孩子才听话

#### （一）孩子服从教育的基本条件

家长们都希望孩子听话、乐于接受家长教育。可是现实生活中许多孩子并不如家长预想般听话。于是家长就对孩子说：“你这孩子这么不听话，再这样，我就……”接下去可能就是一系列的惩罚措施。有的家长会真的对孩子实施惩罚，有的家长事后早已忘了自己说了什么，下次仍是说：“你这孩子总不听话……”

家长应先分析一下，孩子不听话，到底问题在于孩子还是在于家长呢？笔者认为，在孩子没有形成不听话的习惯之前，孩子不听话，首先应该考虑家长的问题。孩子如果养成了长期不听话的习惯，经常出现不听话的现象，则问题在于家长和孩子双方。归根结底，是家长教育不当造成的。

**【案例】**

小军是独生子，从小养成了挑食的坏习惯，上了小学以后挑食现象依然严重。为了他的健康，家长就经常安排新食谱，结果他还是照样挑食。家长如果强迫他吃某样食物，他就反驳道：“你们为什么不吃？”但是他并不知道，家长专门给他加的菜量少，家长是专留给他吃的。于是，这个家庭每次吃饭都处于一种“临战状态”。

家长向教育专家请教了这一问题，在专家指导下，家长采取了如下措施。

第一，不专门单独给孩子做菜，全家一样，荤素搭配；

第二，家长有意多吃那些孩子不爱吃的菜，并津津有味地告诉孩子这种菜富含的营养及对人体的好处；

第三，积极跟老师沟通，请老师向同学们讲清挑食的害处，教育大家做不挑食的孩子。

经过一个多月的努力，孩子终于改掉了挑食的毛病。

如果家长不及时改变教育方法，孩子的逆反心理会越来越强，不但无法改掉挑食的毛病，而且可能迁移到其他事情上。

要让孩子听话，家长应该做到以下几点。

1．让孩子佩服自己

家长与孩子之间有血缘纽带，家长爱孩子，孩子爱家长是天性使然。如果在孩子爱家长的基础上，逐渐强化孩子佩服家长的心理，那么可能大大增加孩子听话的可能性。年龄小的孩子对家长的佩服在很大程度上都带有盲目性，但随着年龄的增长，视野逐渐开阔，他们也渐渐“一分为二”地看待家长了。因此，家长要想获得孩子的敬佩，就必须严格要求自己。孩子的佩服之心从何而来呢？来自家长的生活表现、工作表现，来自家长的言谈举止，来自家长所拥有的各种能力和成绩，来自亲友、同事、邻居对家长的肯定性评价。

我们在一次调查中发现，在孩子们眼里，91.9% 的母亲是非常勤劳的，孩子每天都能亲自感受到母亲的勤劳为生活带来的成果和便利。而在他们眼里，只有 68.8% 的父亲是勤劳的，另外 31.2% 的父亲“懒”或“比较懒”。试想，如果这 31.2% 的父亲对自己的孩子说：“你要好好劳动，培养劳动习惯！”孩子会听他们的话吗？即使表面上不对他们进行反驳，心里也会想：“你都不爱干活，还教育我！”事实上，可能父亲在外边干了很多活，只是孩子暂时不知道。

这里要指出，年幼孩子尚不具备较强的分辨能力，如果有的家长在某些歪门邪道上表现出特殊的“能力”，也可能会使孩子产生佩服心理，但这只会带给孩子不利影响。因此，家长的行为必须检点，必须严于律己。

2. 让孩子认同教育内容

“认同”就是从心眼儿里表示同意。教育孩子需要家长与孩子双方的认同，不是一厢情愿的事。家长往往对这一重要原则有所忽视，习惯于“我说你听”这一模式。家长与孩子之间经常出现“顶牛”现象的原因之一就是孩子不认同家长说的话。有时，家长的教育意图是好的，只是方式方法上没有对上孩子的“心”。

**【案例】**

一个男孩子上了初一之后，酷爱游泳，经常和同学在课余时间去游泳。有一天，他的父亲在单位上班，突然看到报纸上的一条消息：一个孩子在游泳时不慎被淹死了。父亲着急给儿子打电话，告诉他下午不许去游泳。儿子问及原因，父亲丝毫没有解释，而是生气地说：“不让去就是不让去！”然后啪的一声挂上了电话。下午父亲下班回到家里，发现儿子不在家，桌子上留了一张纸条：“爸爸，我和同学去游泳了。不是我不想听您的话，而是想以此告诉您，我已经是大人了。”“让游泳”与“不让游泳”是完全相反的内容，父亲也知道游泳有许多好处，但是出于担心孩子的安全问题而禁止孩子去游泳。这位父亲如果能告诉孩子，“可以去游泳，但必须有安全措施”，并积极与孩子对保证游泳安全的具体措施进行讨论，相信孩子是会听话的。

因此，家长在教育孩子之前，一定要仔细想清楚：我的教育内容与孩子的实际是否符合，是否合乎情理，孩子是否会认同，我该怎样回答孩子提出的问题。进行一番思考之后，谈话质量就会提高，孩子听话的可能性也会大大增加。

3. 让孩子认同教育方式、方法

有些家长在着急、生气的情况下，说了很多不恰当的话，让人听了不舒服，难以接受。前面案例中那位家长不让孩子游泳，在教育内容和教育方式、方法上都存在问题。生活中，还存在很多这种方式不当的例子。比如，有的孩子完成作业之后，对爸爸、妈妈说：“我做完作业了，可以出去玩会儿吗？”有的家长可能微笑着说：“真乖，出去玩会儿吧，时间不要太长。”孩子高高兴兴地跑出去。有的家长可能严肃地说：“怎么就知道玩儿，做完作业不会再看看书！”孩子耷拉着脑袋不高兴，下次再做作业，他可能会想，反正也不能出去玩儿，还不如慢慢做，于是就磨蹭起来。家长如果想让孩子自觉看书和预习功课，应该事先把道理跟孩子讲清，合理安排时间，对孩子说：“你自己安排一下时间，别忘了预习。”这样，会收到意想不到的效果。

当孩子有了缺点、错误时，家长更要讲究批评孩子的方法，要先考虑孩子能够接受怎样的批评方式。

班主任要提醒家长，要想让孩子听话，关键在于家长。家长应该认识到，不听话是任何一个孩子都会存在的问题，这也是一种正常现象。要对孩子不听话的问题进行合理分析。并且应注意，事事顺从家长的孩子独立思考的能力可能较弱，如果一味要求听话，不利于孩子的健康发展。

（二）给孩子做榜样

每位家长都深知家长是孩子的“第一任班主任”，也都懂得“榜样的力量是无穷的”。但是家长又不一定能够说清楚怎么当好孩子的“第一任班主任”。有的会认为只是督促孩子学好功课，努力教给孩子那些他们不懂和不会的东西，对于孩子的缺点、错误，要及时批评教育，对于孩子的优点、进步，要及时表扬。这些固然是家长应该做的，但是是否还有更重要的内容呢？至于如何给孩子做榜样，家长们也很难说清楚。

作为孩子的“第一任班主任”，作为孩子效仿的对象，家长要起模范带头作用。具体来讲，家长应该在高尚精神、崇高人格、多种能力、健康生活方式等方面成为孩子的榜样。经过调查研究，可以用五句话、二十个字概括家长的榜样行为，现分别做些说明。

1. 正派上进

大多数家长是正派的。这需要自身树立正确的人生观、是非观，不但要分辨清楚社会上的丑恶现象，而且该反对的坚决反对，该揭发的毫不犹豫，该抵制的坚决抵制。在生活中，应明显地表现出这样的态度，让孩子看得见，听得见，这将对孩子产生巨大的影响。

据报道，一个孩子跟妈妈一起坐公共汽车时，孩子发现一个小偷在伸手掏别人的钱包，孩子对妈妈说：“妈妈，那个人在偷别人的钱包！”妈妈看了一眼偷钱的人，对孩子说：“别瞎说，那个叔叔跟人家闹着玩儿呢。”这位母亲虽是由于害怕才这样和孩子说的，但完全混淆了是非善恶，会带给孩子不好的影响。

上进，既体现在工作态度上，也体现在思想作风上。家长不断地追求卓越，不断地取得进步，会对孩子产生激励作用，孩子可以从家长的精神风貌中学到做人的真谛。

2. 勤俭自律

勤俭是立国之本，是立身之本。勤劳节俭相辅相成，懒惰的人往往不懂得物质财富来之不易，不珍惜劳动成果。每一位家长都应积极继承和发扬勤俭这种中华民族的传统美德。据调查，在勤劳节俭方面，家庭经济比较困难的孩子往往比家庭经济富裕的孩子表现得更好。

**【案例】**

著名科学家居里夫人经过刻苦研究，从数以吨计的沥青油矿渣中提炼出 0.1 克纯净的镭。当时，1 克镭价值超过 100 万法郎。居里夫人的丈夫遭遇车祸逝世，有人建议居里夫人卖掉这些镭，用于抚养孩子，可是居里夫人毅然将这些镭无偿捐赠给了巴黎镭学研究所。她认为："贫寒固然不方便，过富也是多余而且讨厌的，孩子们将来必须自谋生活，这才是妥当而自然的事情。"她时常对自己的孩子说："不应该虚度一生，应该像蚕一样，自愿地、坚持地工作，永远忍耐地向一个极好的目标努力。"居里夫人时刻以勤劳节俭的美德要求自己，教育下一代。

一个人要做到勤劳节俭，对自律精神的要求极高。要想获得任何成功和进步也都不能离开自律精神。家长是否能严格要求自己并持之以恒，孩子都会看在眼里，记在心上。自律是人的意志品质的反映，家长自身意志坚强，才能够以同样的要求教育孩子。

家长如果面对诱惑经常动摇，放松懈怠，说话不算数，是无法教育好孩子的。

3．求知善思

渴求知识，善于思考，是人们开阔视野、建立良好知识背景、创造性地解决问题的重要前提。懒得学习和动脑的人，也不会具有强的创造性。如果家长不渴求知识和勤于学习，那么对孩子说再多“要好好学习，多动脑子”的话，恐怕都不起作用。因为在家长身上，孩子无法看到知识的力量，更看不到开动脑筋的效果。

一些家长在家里时常说：“累死了，烦死了，真懒得再动脑子。”也有些家长认为自己通过学习阶段，迈入工作阶段之后，不用再读书、学知识了。这不但对自身发展不利，也会对孩子的发展产生消极影响。

**【案例】**

世界著名诗人、文学家泰戈尔，小时候曾因学习不好被学校开除。为了教育好儿子，泰戈尔的父亲就以自己的示范作用来影响儿子。每天早晨，父亲把泰戈尔叫醒，父子俩一起背诵古诗。吃完早点之后，父亲让泰戈尔坐下来，静静地听自己唱经文，然后一块儿去散步，散步时他讲各种知识。回到屋里，教孩子读英文。晚上，父子俩又一块儿学习。随着时间的流逝，泰戈尔的求知欲越来越浓，父亲向孩子展示了家里的藏书。泰戈尔饱览名著，写出第一部诗剧。在父亲的精心引导和自身的不断努力下，泰戈尔最终成为世界著名的大文豪。

从泰戈尔父亲“求知善思”的榜样中，我们应受到启示，努力做一个爱学习、爱动脑的家长。

4．文明友善

家长讲文明，懂礼貌，就会给孩子树立一个文明友善的榜样。家长友善待人，团结亲友、邻里、同事，乐于助人，孩子也能学会正确与人相处。

有些家长对文明礼貌毫不重视，自私冷漠，给孩子的成长带来非常不利的影响。社会上大家都不喜欢不文明友善的人。社会犹如一个大家庭，人们尊敬和欢迎文明友善的人，愿意与这样的人交往，这也为成功创造了更为有利的条件。

遗憾的是，有的家长对孩子说："谁打你，你就打他；谁骂你，你就骂他。"有一位家长在发现自家孩子被其他孩子打了一巴掌之后，领着孩子到学校找到打人的孩子，当众亲手给了那个孩子一巴掌，而且大声说道："儿子，记住，就得这样！"本来可以选择更好的解决办法，家长为什么非要如此呢？

5．民主乐观

家长要讲民主。家长要尊重孩子的独立人格，给孩子参与家庭事务的权利，给孩子充分的话语权。家长与孩子之间既是教育与被教育的关系，又是民主平等的关系。不仅在学校应讲教育民主、教学民主，家庭里也要积极贯彻民主精神。讲民主，会使孩子更加具有积极性。讲民主并不意味着全听孩子的，全听孩子的会导致放任自流。用一位家长的话说，民主应讲究"宽严有度"。

乐观是一种品质，是心胸宽阔、勇于面对现实、正确对待顺境与逆境、充满自信、有幽默感等多种素质的综合表现。在充满坎坷、遍布荆棘的生活之路上，做到乐观并不容易，我们需要不断磨炼自己。家长的乐观品质会潜移默化地影响孩子，会给其一生都带来好处。

家长给孩子树立榜样的过程，也是一个不断学习、不断反思、不断调整、不断发展的过程。

## 二、营造优良的家庭氛围

### （一）温馨、和睦有利于孩子健康成长

据专家调查，有四种类型的家庭：民主和睦型、专制矛盾型、放任自流型、兼备型。其中，民主和睦型家庭是产生品学兼优学生比率最高的家庭。这是因为民主和睦的家庭爱心浓郁，人际关系和谐，地位平等，孩子在幸福感、安全感的基础上，产生归属感、自豪感，孩子可以以一种良好的情绪做事、求知，忧虑少、紧张少、烦躁少，自然对培养良好品质与习惯有积极影响，自然有利于踏踏实实地搞好学习。

当前，社会上正在大力提倡家庭美德建设，这是精神文明建设的重要内容。家庭是社会的最基础的细胞，温馨和睦的家庭越多，我们的社会就越美好，我们的下一代就可以获得更加优良的家庭环境，健康成长。

如何形成温馨和睦的家庭氛围呢？班主任在指导家长时，应着重强调以下几点。

1. 互尊互爱

人与人之间关系和谐、融洽的重要前提和基础是互有爱心、互相尊重。光有爱心，缺乏尊重是不行的，因为缺乏尊重的爱有可能走向偏执，反而对人际关系产生不利影响。不论在夫妻之间，还是在两代人、三代人之间，都是如此。

让我们仔细想一想，溺爱和娇惯产生的原因是什么？对施爱对象缺乏人格尊重是一个不容忽视的重要原因。严厉苛责和讽刺挖苦又是如何产生的？同样是因为对人缺乏应有的尊重。一位著名教育家说过：“我们应尽可能多地要求一个人，更应尽可能多地尊重一个人。”

一个初一的男孩子对他的班主任说："我觉得我妈妈一点也不尊重我，我考试成绩好些，她就抱住我亲个没完没了；如果我考试成绩差点，她就歇斯底里地训我。我真受不了。"

在家长与孩子之间，并不缺少"爱"，问题往往都出现在"尊"上。

2. 共同活动

家庭是一池活水，她的恬静与美丽离不开她的流淌与律动。家庭的温馨和睦并存于家庭成员之间丰富多彩的共同活动中。一起买菜做饭，一起整理、布置房间，一起庆祝节日、生日，一起走亲访友，一起郊游参观，一起交谈争论，等等。在共同活动中，互相了解，互相磨合，互相影响，互相学习，自然就形成了良好的氛围。

3. 同甘共苦

人与人能够同甘共苦是一种难得的品质，在家庭中反映尤其强烈。古语有云："同甘"容易"共苦"难。在物质利益至上的今天，"同甘"似乎也变得不易了。有的家庭钱多了，富裕了，于是就有成员开始"节外生枝"，忘乎所以，把共同创业的艰难抛到九霄云外，又把"甘"重新变成"苦"——精神上的苦。此种现象屡见不鲜。说到底还是由于素质不高，眼光短浅。

家境寒苦，最能考验人。许多家庭经济条件不好，甚至相当清苦，但是成员之间同甘共苦，同样能够营造出温馨和睦的心理氛围。

4. 互相激励

人们常说，家庭是我们的避风港。在这个港湾里，人不仅能"避风"，而且能得到前进的动力。当遭遇挫折的时候，家庭能给予我们战胜困境的动力和努力前行的勇气。

（二）家长对自己不能护短

古语有云："人非圣贤，孰能无过。"的确，在漫漫人生路上，谁能不犯一点儿错误呢？作为家长，在生活、工作中难免会犯错误，这虽然跟孩子并没有直接联系，但是会直接或间接地影响对孩子的教育。在教育孩子的过程中，也不可避免地会出现缺点和错误，这就会直接影响孩子。因此，家长应该如何正确对待自身的缺点和错误，是值得深思的问题。

**【案例】**

一位母亲在去商店打油之前，把瓶子里剩下的油倒在了一个铝盆里，然后将其放在床头柜上。晚上吃完饭后，母亲想把铝盆收起来，但发现床头柜上和地上都洒了很多油。母亲想，一定是儿子在屋里玩儿不小心碰洒的，于是她叫过孩子来问道："你碰床头柜了吗？"孩子回答说："我没有！""你没碰这油怎么会洒一地呢？"孩子仍不承认，母亲为了教育他，讲了一个关于孩子撒谎的故事，还讲了一番道理。孩子听后不服气，一边下楼去玩，一边嘟囔着："不是我还赖我，就会赖我。"

母亲很纳闷，心想，难道真的是我冤枉了孩子吗？她清理干净床头柜上和地上的油，暂时没动那个铝盆。等她下楼把孩子找回来时发现床头柜上和地上又是一层油。原来是因为铝盆有砂眼，油是从砂眼里渗出来的。母亲赶紧把孩子叫过来，向他承认错误："妈妈错怪你了，冤枉了你，这油是渗出来的，不是你碰的。"孩子听后哇的一声哭了，委屈至极。母亲赶紧说："好孩子别哭了，是妈妈错了，妈妈向你赔礼道歉行不？下次遇到什么事一定要等调查好了再下结论……"这位母亲吸取了教训，再也没有盲目批评过孩子。几年以后，每当提起这件事，孩子总是说："妈妈主动向我道歉，我就觉得妈妈特好！”

在生活中，许多家长可能与那位母亲有过类似的经历。当自己出现错误时，坦诚地向孩子承认错误，并认真向孩子赔礼道歉，不但可以得到孩子的谅解，还可以赢得孩子对家长的敬佩，增进亲子感情。

生活中是否存在这样的家长：明明自己做错了事，错怪了孩子，还狡辩，不当回事儿。这不仅有违做人的原则，而且是教育中的大忌。次数多了，家长在孩子心目中就会失去威信，更谈不上教育孩子。

面对错误，家长需要实事求是，既不能小题大做，也不能轻描淡写。要把握好其中的“度”。

我们再谈谈家长在生活、工作中出现错误时，如何面对孩子的问题。

家长在外面犯了错误，懂事的孩子知道后，会产生如下心理反应。

1. 痛苦、情绪低落。所有的孩子对自己的家长都有很高的期望，希望他们是世界上最完美的人，一旦家长犯了错误，孩子会特别难过，忧心忡忡。家庭人际关系越好，孩子的这种心理越强烈。

2. 在外人面前感到羞愧。父母有错，孩子觉得在外人面前无法抬起头来，害怕别人知道家长的事情，更怕别人提起来。

3. 产生偏见，产生怨恨。有的孩子在知道家长犯错误之后，容易走向极端，认为家长变坏了，甚至对家长产生怨恨，看不起家长，不爱理家长。

以上这些心理是正常的，可以理解。班主任应帮助家长将这些不利影响尽量缩小，家长可以从以下几方面入手。

第一，与孩子交谈，坦诚承认自己犯错误的事实，尤其要向孩子表明改正错误的决心和信心，让孩子亲身感受家长的悔过之情。

第二，让孩子把心里话说出来。即使孩子说了许多怨恨父母的话，也不责怪孩子，真诚接受孩子的批评、教育。

第三，请孩子做自己的监督人。这一点很重要，当赋予孩子一定的责任时，他便会更加乐观向上。

第四，继续认真教育孩子。犯了错误的家长，依然应承担教育孩子的责任和义务。在教育孩子时，要更加注意方式和恰当的时机。

第五，应跟孩子强调一点，一人做事一人当，不要让孩子背不必要的思想包袱。必要时，请其他亲友给孩子做思想工作。

为了孩子，家长一定要谨言慎行。

## 三、学习家教科学知识，克服自我中心倾向

### （一）好的教育方法哪里来

班主任常常会面对家长提出的如下问题：

“我的孩子学习成绩总上不去，您看有什么好的方法可以使他迅速提高学习成绩？”

“我的孩子特别贪玩儿，不爱学习，您看用什么办法可以使他贪玩儿的毛病得到改变，用心投入学习？”

“我的孩子经常偷偷拿家里的钱，面对这种情况应该怎么办？”

“我的孩子胆子特别小，您看怎么办？”

对此，班主任总要向家长了解具体情况，做出合理判断，然后再给家长提出几条可行的建议和措施。家长采用班主任的意见之后，有的取得效果，有的不见起色。这是为什么呢？

教育是一种“活”的社会现象，是在“活”的人与“活”的人之间进行的。每个家庭、每位家长、每个孩子都不相同，甚至千差万别，再好的教育方法也难以做到家家适用。

家庭教育水平的高低，取决于三个层面：首先是家长的教育思想、教育观念；其次是家长对家庭教育规律和原则的把握程度；再次是符合实际的、科学的教育方法。也就是说，好的教育方法来自教育规律与实际的良好结合，来自正确的教育思想指导。

当面对教育孩子的具体问题时，家长应思考如下问题：我以前的教育方法是否符合教育规律？怎样做才符合规律？我的教育思想是否有问题？这就进入了一个较高的境界。然而家长这样思考时，必须有一种参照，这样才可能做出科学判断，理出头绪。这种参照，即家教科学知识。因此，家长必须认真学习，要自觉树立学习意识。

家长可以通过如下方式学习家教科学知识：

1．通过家长学校学习。全国的家长学校日益普及，每一位家长都应积极听课，认真学习。听课时，要带笔记本，对重要内容要随时记录，以便及时复习，变成自己的知识。

2．通过广播、电视学习。现在，很多广播电台和电视台都开始开办家庭教育专题节目，家长应该认真收听、收看。家长还可以积极向专家咨询相关问题。

3．通过报刊、书籍学习。家庭教育报刊、书籍越来越多，家长应该积极购买相关报刊书籍。

4．向教师学习。学校教师，特别是班主任都负有指导家庭教育的责任，及时地向教师请教，会得到更加科学有效的指导。

5．向优秀家长学习。全国各地不断推出一些成功的家教经验，在这些经验中包含着先进的教育思想、正确的教育原则和方法，值得广大家长学习。

家长学到了家教科学知识，要灵活运用于实际，不能照搬。要将听来、看来的知识，努力跟自己孩子的实际、跟家庭实际相联系。要对其进行认真分析，科学判断。比如，一个孩子学习成绩不好，可能存在多种因素，如缺乏学习兴趣，听不懂课，学习方法不好，跟老师关系僵化，考试发挥失常，等等。只有找准了原因，才能采取有针对性的措施，从而收到良好的教育效果。家庭教育是非常忌讳盲目性的。

家长在运用家教科学知识指导孩子的过程中，还应重视不断总结。每过一段时间，对前一段的教育措施和教育效果及时进行分析和总结，看看成功在哪儿，失误在哪儿，想一想下一步该怎样施教，最好与家人一起共同讨论。这样总结，会产生许多新的认识，有利于不断提高家教水平。

总之，好的家庭教育方法离不开学习、实践、总结，其关键在于家长的悟性。因此，我们说："要使家教方法好、效果好，家长必须勤动脑。"

（二）家长要克服自我中心倾向

许多家长在教育孩子过程中，容易产生自我中心倾向。家长完全从自己的角度、自己的经验出发去认识和解决问题，往往忽视别人特别是孩子对同一问题的态度和看法，总把自己的认识和方法视为是最正确的。这种倾向，从思想方法上讲，是主观主义，是对客观实际的忽视。如果长期以这种倾向去教育孩子，会对孩子的正常发展产生极大的消极影响。

家长产生自我中心倾向的原因有哪些呢？

对少数家长来说，自我中心倾向是其个性特征的反映。也就是说，这部分家长对待各种事物早已形成了一种"自我中心"的思维定势，认识和解决问题时总是忽视他人的态度和方法。进行家庭教育时，家长的这种思维定势就反映在了孩子身上。也有少部分家长头脑中还留有严重的封建家长制余毒，“父为子纲”的思想深入骨髓，在他们眼中，家长具有绝对权威。

对大部分家长来说，自我中心倾向来自认识和情感两方面的原因。

在认识上，一方面认为，“孩子是我的，教育和培养孩子的方式当然由我说了算”，于是对孩子学习、生活中的各项具体事情，都是从“我”的主意、“我”的办法出发，完全不接受别人（包括孩子）的不同意见。另一方面认为，“孩子太小，我是大人，孩子必须听大人的”，大人比小孩理智，比小孩成熟，“我说你听，我训你服”是天经地义的。这样的家长忽视了一个重要规律：外因是变化的条件，内因是变化的依据。内因还在于孩子，如果不调动孩子的积极性，光家长“一头热”，难以收到良好的教育效果。

在情感上，由于家长超量的爱，恨不得为孩子包办一切，对孩子呵护过度、服务过头。这样的情感会使认识上的自我中心倾向大大强化，从而导致教育的低效，甚至负效。

家长应该从以下几方面出发克服自己的自我中心倾向。

1. 充分认识孩子是受教育的主体

孩子的成长，内因是关键。孩子有各种各样的需要，需要产生动机，从而行动起来去满足需要，然后再产生新的需要、新的动机。孩子的需要有正确和不正确之分，动机也有正确和不正确之分。家长应对孩子的需要进行认真分析，激发孩子的正确动机，充分调动孩子的积极性。如果家长为孩子包办一切，以家长的需要代替孩子的需要，以家长的动机代替孩子的动机，孩子就会沦为客体，其主体精神被压抑、遏制，这样是不会收到好的教育效果的。家长必须记住，对于孩子来讲，“我”是外因，“我”的教育行为，目的是使孩子积极进行自我教育。如果无法达到这样的目的，“我”应该认真反思。

2. 用心理换位的方法思考教育问题

家长要以孩子的身份去想一想被要求做和将要做的事情。这种换位有助于家长减少教育行为中的主观色彩。

换位思考时，家长应充分体察孩子的角色地位、年龄特点和个性特点，也可以回忆一下自己在孩子这个年龄时的想法和做法。换位思考强调“把孩子当孩子”。

为了使换位思考更切实际，建议家长阅读《儿童心理学》和《中学生心理学》。如果没有书，可以请教孩子的教师或其他教育工作者。

3. 学会倾听孩子的心声

教育是一种双向行为，一边“教”，一边“受教”，积极倾听受教育者的心声，是施教成功的重要因素。

尊重孩子和具有民主意识是倾听的前提条件。许多家长能做到无微不至地给予孩子关心和爱，却很难做到尊重孩子、允许孩子有不同的心声。这与封建家长制意识和“主宰”思想有很大关系。家长应该明白，孩子虽年龄小，但也是家庭中不可缺少的一员。凡事听听孩子的想法，对家庭教育有很大好处。

与成年人不同，孩子拥有丰富多彩的心灵世界。家长要积极创造一种能让孩子充分表露心迹的家庭气氛。无论是多么幼稚的话语，家长都要耐心倾听。倾听之后，家长要对孩子的愿望、要求中的积极成分给予引导和鼓励。当孩子出现一些不妥当的想法时，则应向孩子摆事实，讲道理，帮助孩子提高认识。如果孩子仍然有不明白的地方，允许孩子存疑，等待恰当时机再进行引导。

家长克服自我中心倾向，充分发挥孩子的主体精神并不意味着凡事都听孩子的，那样会导致放任自流。

## 四、制订严格家规，不搞棍棒教育

（一）家有家规

对于清代学者朱伯庐先生的《治家格言》，大家可能并不陌生，有的人还能背诵其中的重要文句："黎明即起，洒扫庭除，要内外整洁。既昏便息，关锁门户，必亲自检点。一粥一饭，当思来处不易；半丝半缕，恒念物力维艰。宜未雨而绸缪，毋临渴而掘井。自奉必须俭约，宴客切勿留连。……居身务期质朴，教子要有义方。勿贪意外之财，勿饮过量之酒。……见富贵而生谗容者，最可耻；遇贫穷而作骄态者，贱莫甚。……善欲人见，不是真善；恶恐人知，便是大恶……"《治家格言》产生的背景虽然是封建时代，不可避免地存在一定糟粕，但仍有许多可借鉴之处。特别是这种家有家规的意识，对于今天的发展而言仍然十分重要。

现在，有些家长，特别是一些年纪较轻的家长，受社会各方面因素的影响，家规意识淡薄，在家庭生活中，忽视规矩和规则，这不但不利于家庭建设，对孩子的成长也会带来消极影响。

家规可以分为两类。一类是面向全家人的，是家庭"公约"，家庭中的每个人都应遵守。最典型的就是朱伯庐的《治家格言》。另一类是面向孩子的，是家长用守则的形式来对儿女的行为进行约束，在一定程度上具有强制性。针对孩子的家规要充分考虑孩子的年龄特点，不能成人化。对于任何家庭来说，这两种家规都有存在的必要。没有"公约"式的家规，就难以针对孩子执行家规，因为会给孩子带来不公平的感觉。笔者曾制订过这样的"公约"式家规："每天要有充实的生活内容；人人抓紧学习，文体活动不误；凡事尽最大努力，争取最好结果。"对于处在学龄前和学龄初期的孩子，曾订有“顺口溜”式的家规：“不动火，不动电。不串门，不出院。不在床上乱打闹，按时睡觉和吃饭。学写字，学画画。跳跳绳，搞锻炼。人人都夸好孩子，爸爸妈妈更喜欢。”随后，用笔抄好，贴在墙上，引导孩子将内容背下来，并照着去做。今天看来，这些家规虽尚不完善，但总的来说对孩子的健康成长起了很大的促进作用。

家规没有什么固定的模式，主要应遵循从实际出发，简明扼要，持之以恒的原则。针对孩子的家规，不能直接多少年一贯制，要随孩子的年龄特点逐渐增减内容。家规一旦制定之后，家长要做好表率，带头遵守。共同遵守家规有利于良好家风的形成，如果坚持不懈，会对全家人的发展产生积极影响。

有一位优秀家长，从孩子出生之日起，就坚持做到以下几点：一是教育孩子要从小抓起，持之以恒；二是高度重视对孩子责任感的培养；三是在家庭里发扬民主，家长处处以身作则；四是高度重视对孩子良好习惯的培养。在教育孩子的过程中，坚持不懈地遵守上述四项原则，不但有利于培养孩子良好的品德和习惯，而且可以使孩子勤奋学习。后来，孩子考取了重点大学。

家长制订家规时应着重注意以下几个问题：

第一，重视提升孩子的全面素质，不要只侧重学习方面的内容。不论是针对全家的家规，还是针对孩子的家规，其内容都应力求全面。

第二，对学龄前的孩子，要重视培养其优良的品德和良好习惯。品德和习惯是孩子全面发展的导向和动力。我们在前边曾谈到，成才的基础和保证是成人。

第三，家规要合乎情理，既不能过于严苛，也不能过于宽松。要订在经过努力可以达到的“度”上。

第四，在落实家规方面要有具体的措施。家规是约束人的，但是否能约束住人还要看具体措施是否得以落实。比如，落实文字，人人熟记；定期评价，表扬批评；家长示范，带头自检；互相监督，发扬民主；有人违规，适度惩处；记家庭日记，对教育经验不断总结等都是行之有效的方法。

无数事实证明，成功的家庭都有家规，成功的家庭教育也都离不开家规。

（二）棍棒之下，难出孝子

时代发展到今天，仍然有部分家长信奉棍棒教育，这应该引起我们的高度重视。

尽管有的教育工作者认为："打孩子虽然不能提倡，但如果'会打'（指时机、轻重适当），也能起到好的教育效果。"而且还经常举出 A.C. 马卡连柯打学生的例子作为证明。但是我们认为，这种观点是不恰当的。一方面，它会纵容那些打孩子的家长继续采取不合适的手段惩罚孩子，从而使这种现象有过之而无不及；另一方面，本来不打孩子的家长也可能受到影响并决定尝试，最终走入教育孩子的误区。

为什么打孩子的现象如此普遍呢？主要有下列三点原因：

其一，深受社会上流传的错误观点的影响。像"棍棒之下出孝子""不打不成才""打是疼，骂是爱，气极了，拿脚踹""三天不打，上房揭瓦"等观点在民间流传甚广。而且，在旧时代，各种作坊学徒的教育者都是以打作为手段对他们进行教育的，这种做法几乎家喻户晓。

其二，有些家长深受自己父母的影响，因为在他们成长的过程中家长是以"打"作为教育手段的，于是他们在教育自己的孩子时也打孩子。尽管这些家长小时候挨打时心里也曾有过怨恨与反抗，但他们毕竟已为人父母，稀里糊涂地就把“打”当成一种理所当然的教育措施。

其三，一些家长教育素质不高，孩子有了问题，不懂得科学的方法，只知道动手打骂。

要想使打孩子的现象得到遏制，必须充分认识到打孩子的危害：

第一，经常打孩子，会导致孩子不明是非，误入歧途。

打孩子的过程是难以讲清道理的。有的家长发现孩子存在问题，不问青红皂白，不冷静分析具体原因，不思考解决办法，简单粗暴打一顿。有的时候，孩子的行为明明事出有因，家长也不听孩子的解释。挨打之后，孩子认为反正好歹都挨打，以后做事就不管对错了。某城市曾对 408 名少年犯展开调查，发现其中 84% 的人是受棍棒教育的。当初，家长一定难以想到，打会使孩子走向犯罪的深渊。

第二，经常打孩子，会造成严重的亲子隔阂。

孩子挨打的时候，心里特别不舒坦。皮肉之苦，更容易使他们产生怨恨、逆反、畏惧等心理。“打”会使孩子与家长之间的亲情日益淡漠，产生越来越深的隔阂，个别孩子甚至会产生报复心理。有一个高中生第一次给父亲写信时，这样写道：“记得小时候，您在我心中是一位朋友，一位伙伴，一位慈父。可后来，这些形象都慢慢消失了。您那阴云般的怒容和厉声的怒喝，使我多次产生轻生之念。我暗恨，为什么您是我的父亲，而我又偏是您的儿子呢？我曾想过，要永远离开这个家，离开您。……您那封建式的教子方法，那对我人格形成侮辱的言语，使我心寒，使我失望。我多希望没有您这样的父亲。”这位同学的信道出了经常遭受粗暴教育的孩子的心声，应该引起以打施教的家长的深思。

第三，经常打孩子，会使孩子失去自信，形成悲观厌世的态度。

每个孩子都有强烈的自尊心，都希望得到别人的尊重。因为别人的尊重、信任会给孩子自信，使他们拥有前行的勇气和动力。经常打孩子，会严重损害其自尊心，使其失去自信，极其自卑，最终走上自暴自弃、破罐子破摔的道路。家长是孩子最亲近的人，经常被家长打骂，会使孩子感到人世间的冷漠，从而悲观厌世。现实中，由于遭受家长打骂，孩子出走或自杀的例子很多，给很多家庭造成难以言状的痛苦。

第四，经常打孩子，会使孩子人格畸形。

每一位家长都希望自己的孩子拥有诚实、守信、善良、上进等品质，希望自己的孩子可以拥有良好的人格。然而，经常打孩子，肯定会带给孩子许多不好的影响。从心理学角度讲，家长粗暴高压的教育方式会使本来性格倔强的孩子产生抵抗意识、对立情绪，进而变得性情暴躁，行为粗野，甚至形成攻击型人格，对别人施暴，不利于他的社会性发展。而性格怯懦的孩子，则会产生严重的畏惧心理，进而形成畏畏缩缩、胆小怕事的性格。至于那些富于灵性的孩子，他们或许会"开动脑筋"，用欺骗、撒谎的手段，来应付家长的粗暴高压，从而变得虚伪，不再单纯童真。这样的后果将给孩子的整个人生带来负面的影响。

以上几点分析，希望可以引起打孩子的家长的深思。

## 第三节　指导家长抓好"育人"教育

### 一、以德育人是大根本

广大家长们面临一个共同的课题：家庭教育主要应该抓什么？先给大家讲一个事情。

**【案例】**

有一次，我在北京的地坛公园做咨询活动，一位母亲向我讲述了她教育孩子的经历。她说，从孩子上小学一年级，她就认真辅导孩子功课，孩子遇到任何问题，她都告诉孩子应该怎么做。她本人高中毕业，想当好孩子的“第一任班主任”。随着年龄的增长，孩子的功课日渐变难，她就预习，然后给孩子讲解。孩子上了初中，她干脆另买了一套初中教材，下了很大功夫，在家里备课。孩子在学习过程中，遇到问题之后，立刻向妈妈求助，在妈妈的帮助下，孩子顺利毕业。孩子升入高中之后，功课更难了，妈妈再也无力辅导。但是孩子遇到不会做的功课，还是习惯性地问妈妈。当孩子第三次问妈妈的时候，妈妈为难地说：“儿子，高中的功课太难，妈妈实在不能辅导你了。”儿子非常失望地说：“妈妈，你不行了，我也完了。”

请家长思考一下，这位母亲的失误点在哪里？我们的确常说：“家长是孩子的‘第一任班主任’，家庭是孩子的‘第一所学校’。”这“第一任班主任”等同于教孩子学习具体知识的老师吗？我想，并不是这样的。“第一任班主任”应该是教孩子如何做人的班主任。这位母亲投入全部精力做自己并不擅长的事情，十分辛苦，她成了孩子的拐杖，久而久之，孩子有了依赖性、惰性，只能吃“别人嚼过的馍”，自己无法掌握科学的学习方法，而且缺乏信心和勇气。这不仅会影响学业，也会使其人格上形成严重的欠缺。

对于绝大多数家长来说，大量地、直接地、具体地教给孩子功课，并不是他们的长项，也不是他们应重点承担的任务。家长关注孩子的智力发展与学习，重点应该放在培养孩子正确的学习目的、学习态度和良好的学习习惯上。这也正是德育的重要内容。

家长更应该做的是学习如何对孩子的优良人格和良好道德进行培养。我们在研究人才的素质以及他们对社会的贡献、得到的社会报偿的关系时，提出了一个公式，即：人格 + 知识 + 能力 = 贡献 + 财富。人格是居于首位的，如果缺乏优良的人格，就难以在社会上立足，更难以获得长远发展。老革命家、教育家徐特立曾经说过，教育的作用就是按照一定的社会形式，培养一定的人格，为一定的社会服务。人格、知识、能力，家长应重点在哪方面发挥教育影响力？毫无疑问，是人格和能力。

有的家长将大量精力投入在孩子的学习上。在家庭教育中，“重智育，轻德育”确实是比较普遍的现象。

如何对这种现象进行解释呢？我们分析，家长将教育孩子的重点放在抓智力和学习上，主要有两方面的原因。

第一个原因是社会大环境的影响。改革开放以来，我们大力提倡的“尊重知识，尊重人才”，在社会上深入人心。家长们普遍期望自己的孩子可以考入大学，学有所成。这种期望是对的，但这并不意味着只抓学习、忽视德育是正确的。

电视台对一位年轻母亲进行采访，她的孩子在上小学，记者问：“您对孩子的未来有什么样的期望？”母亲说，上大学，有专长。记者问：“您现在是如何对他进行教育的？”母亲说：“占领他的时间。”“怎么占领？”“晚上看着他学习；星期六、星期天给他报学习班。”“报几个？”“三个。”“孩子愿意参加学习班吗？”“我陪着他。”我们可以看到，家长为了让孩子成才，毫不尊重孩子，忽视了孩子的主体性。这样可以培养好孩子吗？

第二个原因是家长并没有认识清楚德育与智育的关系。德育对于孩子的健康发展起着导向、动力和保证的作用。古人说“德者智”，是说品德高尚的人的智能自然能够得到最大限度的发展和最大程度的发挥。

笔者曾经看过一份资料，讲革命战争时期，有一位年轻的地下革命者被派往上海的一所大学去开展工作，他只上过初中，组织上要求他在最短的时间内提高学习水平，以便更好地发挥影响力。他目标明确，努力上进，一个学期以后，功课已经达到了班上的中等水平，后来又达到了上等水平。这是因为什么呢？因为他有理想，有抱负，有强烈的责任感和使命感，有最强的内动力。于是，他的智能得到了超常的发挥。

前几年，有人调查了100位成就突出、贡献卓越的人，对他们走向成功的主要因素进行了研究。这些人的学历和家庭背景各不相同。但他们的共同点出奇一致，就是都有正确的奋斗目标、强烈的社会责任感、坚忍不拔的意志、极强的自主精神和自律能力。

现在，我们处在一个全新的历史时期。新的时代对我们的德育提出了更高的要求，大力加强道德建设，提高全社会的道德水平，已刻不容缓。整个国家的道德风貌和公民的道德水平，将对国家的发展和整体形象产生直接影响，甚至会关系到我们能否长期屹立于世界先进民族之林。对于每一个公民来讲，道德水平的高低，将决定他是否能在社会立足，是否能够有所作为，有所发展。

比如说，诚实守信的美德，既是中华民族的优良传统，也是当今社会特别需要和崇尚的社会行为规范，在市场经济环境下，在日益发展的今天，更加需要大力发扬。我们已经看到，中国一些成功的企业、团体和机构正走向世界，受到国际上的赞誉，诚信是他们成功过程中必不可少的条件。同样，在各行各业中，有许多为社会做出重大贡献的人，诚实守信，一诺千金，同样也是他们必备的基本品质。而诚信，必须从小培养。

有一篇文章，题目是《小胜在智，大胜在德》，文中讲到几位学有所成的学子，没有讲导师如何教他们知识、技能，而是讲导师对他们的人格影响和教育。这不禁使我想起一段古人的名言："天将降大任于斯人也，必先苦其心志，劳其筋骨，饿其体肤，空乏其身，行拂乱其所为。所以动心忍性，增益其所不能。"古人对人才进行培养，最重视的也是人格和能力的培养。

我们不妨设想一下，如果家长与学校保持密切配合，切实抓好做人的教育，孩子有志气，有理想，有明确的奋斗目标，勇于承担责任，意志坚强，不怕困难，有良好的习惯，他是不是会取得更快的进步？如果我们只片面地抓学习，忽视人格教育、道德教育，恐怕只会事倍功半。

人格和品德的教育对孩子的终生发展是极其重要的。V.A.苏霍姆林斯基说过："德是照亮人的全面发展的灯塔。"我们的家庭教育应该把帮助孩子树立灯塔作为我们的根本任务。

那么，在家庭教育中应该怎样以德育人？

"以德育人"应该包括爱国主义情感的培养，责任心和义务感的培养，良好个性心理品质的培养，勤劳节俭、孝敬父母的教育，诚实守信、遵纪守法的教育，理想教育以及各种良好习惯的培养。

班主任虽然无法详细阐述怎样对每一种具体的品质进行培养，但可以根据人格教育、品德教育的规律，给家长提出一些切实可行的教育建议。

（一）以身垂范，给孩子做出好榜样

要对孩子的优良人格和品德进行培养，家长就必须以人格育人格，以德育德。有的家长总是习惯以居高临下的态度教训孩子，以教育者自居，总认为自己是正确的，不严格要求自己，难以使孩子信服自己，孩子自然不可能听家长的。

媒体曾经报道过这样一个新闻：一位边远地区的聋哑妇女抱养了三个孩子。她没有文化，也不会讲话。但她充满爱心，勤劳俭朴，艰苦奋斗，她以优良的人格雨露，对这几个孩子进行滋养。孩子们学会了爱，学会了艰苦奋斗，学会了正确做人，从而得到了健康成长。中学毕业后，他们都如愿考上了大学。我想，即使不考大学，他们也同样会走上成功之路，因为他们有优良的人格作为前进的灯塔。

人无完人，家长们也会存在缺点，甚至错误。凡是不需保密的，家长就应该坦诚地与孩子进行沟通，听听孩子的意见。这本身就是一种人格的力量。

（二）实践体验，给孩子创造人格（道德）实践的机会

德育不同于智育的重要一点，就是要亲身实践，在实践当中明辨、体验什么是道德的，什么是不道德的；什么是应该做的，什么是不应该做的。教育专家所说的“道德践行”，就是指在道德实践中培养道德。

比如说，我们要培养孩子的责任心和提升孩子的责任能力，就必须给孩子提供让他们真正负责任的机会。让孩子在负责任的实践过程中对负责任和怎样去负责任有一个良好体验。有了实践经历之后，家长再引导孩子积极反思和评价自己承担责任的这一过程，随后家长给予必要的鼓励，同时指出不足之处。孩子的责任心、责任能力自然就会在承担责任的过程中培养起来。

有一个初中一年级的学生，发表了一篇题目为《今天我当“司令官”》的文章。文章讲述了一个星期六的晚上，他安排好了全家第二天的生活：早晨起来打扫房间；合理分配做早饭的任务；早饭后，自己学习，建议家长做哪些事；如何准备中午饭，谁负责采购，对洗菜做饭进行合理分工；下午去看望外祖母，提醒爸

爸妈妈记得给外祖母带些礼品。这份计划从早上一直安排到晚上九点半。第二天，“司令官”当得十分成功。这一天下来，他的责任心、责任能力自然得到了提高。同时，还培养了关心他人、热爱劳动、严格自律等良好品质。他之所以能够做得这样好，离不开父母的教育引导并向他提供实践锻炼的机会。

再比如说，家长要培养孩子孝敬父母、孝敬长辈的美德，要向孩子讲清孝敬的美德究竟是什么，更重要的是为孩子提供孝敬父母、孝敬长辈的机会。平时，要尽量让孩子为父母和长辈做一些力所能及的事情，关心父母和长辈的身体和生活，在实践中表现孝心，体验孝心，形成孝心。

一位德育专家说：“社会的道德行为体系是由牺牲和利益的关系而展开的活生生的行为网。”“没有牺牲，就没有道德。”培养良好道德品质必须与培养奉献精神、牺牲精神联系起来。这就要求家长必须进行道德实践，必须有实实在在的付出，不能光靠说教。

（三）家校配合，形成教育合力

对孩子的优良人格进行培养，是家庭、学校应共同担负的责任，家校必须紧密配合。家长应主动联系班主任，班主任也应主动与家长联系。家长要经常与班主任进行沟通，彼此交换意见。家长不应直接向班主任告孩子的状，要与班主任一起对孩子的情况进行分析，找出优点与不足，共同分析该问题存在的原因，寻找对策。除了与班主任沟通之外，家长还可以根据需要，在征求班主任意见的前提下，积极与任课教师进行沟通。

家长应对学校和班级的教育计划特别注意，密切配合学校对孩子进行人格教育，使家庭与学校真正形成教育合力。家长要与学校配合，家长群体也要与学校配合。

对于学校和班级来说，家长群体是重要的教育资源和教育力量。家校配合家长群体发挥一定优势是新形势下的新课题，这需要班主任和家长共同努力。除了学校的集体教育之外，家庭之间应该进行群体性的合作性教育。

## 二、认真抓好传统美德教育

### （一）孩子必须有孝心

我们从电视节目中看到这样一个新闻：一个上小学的小女孩的母亲卧病在床多年，小女孩独自承担起全部家务，每天买菜、做饭、收拾房间、为母亲擦洗身体。家里生活十分困难，她养成了省吃俭用的习惯。在这种情况下，她每天仍然按时到校上课，勤奋苦读，担任学生干部，被评为“三好生”“十佳少年”。

看着这样的报道，面对这样有孝心的孩子，许多为人父母者感动得热泪盈眶。但是，在现实生活中，有很多孩子不懂得孝敬父母、孝敬长辈。

尽管每一位为人父母者都希望自己的孩子将来能够充满孝心，尽管大家都深知孝敬父母、长辈是中华民族的传统美德，然而在教育孩子时，又往往忽视这方面的内容。据调查，许多家长对孩子孝敬长辈有着极低的要求。孩子上学离家时能说“爸爸妈妈，我走了，再见！”放学回家见到父母能说“爸爸妈妈好，我回来了”，家长就已经相当知足了。如果孩子在拿到好吃的东西时，顺手让一让爷爷奶奶、爸爸妈妈，长辈们就会觉得孩子非常懂事。这是把孝心视为一般的文明礼貌了。有孝心的人固然要讲文明礼貌，但更重要的是要懂得孝心是真正关心父母、长辈，是自觉自愿为父母、长辈付出辛劳，而且形成一定习惯。

孝心，作为传统美德，可以促使家庭和睦，温馨幸福。有人调查发现，三代同堂的家庭，如果中间一代孝敬长辈，就会给孩子树立良好榜样，孩子也懂得孝敬父母、长辈，家庭中不仅长幼有序，而且互相关心、互相宽容，呈现一种其乐融融的气氛，这将有利于每个人的身心发展。

孩子的孝心也是一种前进的动力。孝敬长辈就应该认真听从长辈的教诲，不顶撞长辈，有不同想法时和长辈认真沟通；孝敬长辈，更应该严于律己，换位思考，体谅长辈的艰辛，尽可能少让长辈操心；孝敬父母就应该自觉为父母分忧解难，在父母生病和有困难时，尽力去关心照顾父母，协助父母；孝敬父母，就应该刻苦学习，积极上进，让父母少为自己的学习担忧；孝敬父母，一个人离家在外时，就应自己照顾好自己，注意安全，多与父母通电话，向父母汇报情况……总之，真正的孝心要体现在具体的行动上。

培养孩子的孝心，必须从小抓起。

第一是要明理。让孩子从小就要知道，孝敬长辈是中华民族的传统美德，没有孝心的孩子不是好孩子，还要让孩子知道怎样做才是有孝心的表现。让孩子知道妈妈十月怀胎的艰辛，懂得家长对自己的养育之恩。有孝心的孩子，懂礼貌，责己严，能够自觉为家长分忧解难。为了明理，家长应多给孩子讲些古今故事，让他们通过具体形象去理解孝心的具体含义。

第二是给机会。这一点尤为重要。真正的孝心要通过实践去培养。平时，应让孩子分担家务，让他真正学会负责任。遇到困难的事情，讲给孩子听，让他和家长一起出主意、想办法。长辈身体不舒服或生病时，应告诉孩子他们需要做哪些事情，并引导他们付诸行动。久而久之，孝心会在孩子身上扎根。

第三是家长要树立好榜样。家长对长辈是否有孝心，将对孩子产生直接影响，真孝心、假孝心，是无法骗过孩子的。因此，家长要积极反省自己对长辈的孝心，在自己身上求真，孝心的种子才会播撒到孩子心里去。

第四是家长要在关心孩子的过程中培养孩子的孝心。孝心是充满爱心的伦理行为，应该重视以情育情。当然，家长对孩子的关心和爱要适度、适时。

（二）不爱劳动难成人

家长们一定非常熟悉这几个观点：劳动创造世界，劳动创造人类，劳动是人类第一需要，不劳动者不得食。这些观点是对客观真理的反映，永远不会过时。而且，广大家长都在生活中亲自实践着这些观点。必须树立劳动意识，热爱劳动，这样才能成为一个真正的人。

据调查，现在的中小学生中，爱劳动、养成良好劳动习惯的人约占三分之一，另外的三分之二是不爱劳动或不太爱劳动的。

有些孩子，懒得铺床叠被，懒得洗袜子、洗手绢，懒得收拾书包、收拾桌子，甚至懒得洗脸、洗脚，连喝水都懒得自己倒。与过去的公子哥儿、娇小姐几乎无异。事实上，从小就重视培养孩子热爱劳动品质的家长并不多见。这主要有以下几方面的原因。

第一个原因是家长看到孩子的学业负担沉重，功课过多，安排劳动有困难。这虽然是当前的实情，但是，是否无法挤出一丁点儿时间呢？也不是。有些孩子不是“做”作业，而是“磨”作业，20 分钟的作业，40 分钟还“磨”不完。如果改掉磨蹭的毛病，就可以给他们合理安排劳动。换句话说，如果安排给他们必须完成的劳动任务，那么他们“磨”的毛病也可能会快点儿得到改正。

第二个原因是家长担心孩子干不好，还不如自己干痛快、省事。家长越不让干，孩子越不想干，越不会干。劳动习惯的养成必须有一个循序渐进的培养过程。今天怕麻烦，明天则会产生更多的麻烦。

第三个原因是家长可能存在一种误解，认为随着电气化、自动化程度越来越高，不论社会工作还是家庭生活，需要的劳动越来越少，现在不必让孩子劳动。其实，高科技化前提下的劳动并不是如此轻松的。家长可以想一想，为什么有人在电脑前晕倒，甚至有人猝死在电脑前面，这是因为坐在电脑前的工作，对体力和脑力都有非常大的消耗，没有经过劳动磨炼的人，是无法胜任的。

第四个原因是家长心疼孩子，怕孩子吃苦受累。有的家长认为今天的孩子就应该是享福的一代。情感占了上风，从而忽视了劳动教育。

劳动教育的目的在于培养孩子做人的基本品质和基本能力，家长如果忽视了劳动教育，就是忽视了孩子学做人的最重要的内容和机会，会对孩子产生很大的负面影响。孩子一旦养成了懒惰的习惯，想变勤俭就非常难了。

重视劳动教育要注意以下三个层面。

1．正确的劳动观点、劳动意识教育

要以社会生活实际、社会发展历史及家庭生活实例说明劳动对于社会、国家、家庭和个人所产生的重要意义。让孩子从思想上认识到劳动光荣，劳动神圣，劳动伟大，不爱劳动的人是没出息的。

2．养成劳动习惯

热爱劳动应自觉养成劳动习惯。习惯表现为一种自主、自觉的行为，养成劳动习惯的人，不劳动反而感觉难受，他们眼里总有可干的事情。这样的习惯不通过长期训练和培养是无法形成的。

3．掌握劳动技能

劳动需要脑子，不同的工作有不同的干法，我们需逐步掌握劳动的程序、操作要领和技巧。任何劳动，由于技能水平不同，会有快慢、质量好坏之分。因此，掌握劳动技能是劳动教育的重要层面。

热爱劳动的教育主要通过劳动实践进行，光说不练是不行的。家长最好每天为孩子安排一定量的劳动，一个时期固定内容，由简单到复杂。每天都应坚持，否则不利于习惯的培养。小学生每天 20~40 分钟，中学生每天 30~50 分钟为宜，根据功课多少适当调节。自我服务劳动和家务劳动都应妥善安排，不应只强调“自己的事情自己干”，还要强调“家里的事情主动干”。家长应积极支持孩子多多参加社区和学校安排的公益劳动。双休日、寒暑假可以适当多安排一些，最好安排些比较复杂的既费体力又费脑力的劳动。

在对孩子进行劳动教育的过程中，家长不应简单地把孩子当作劳动力，不应把劳动当作惩罚孩子的手段，不应简单地以金钱和物质作为劳动奖品。如果孩子在劳动中出现失误，不能过分训斥和责备。应该重视在劳动过程中对孩子进行具体指导，多给予鼓励，让孩子感受劳动的乐趣。

进行劳动教育，家长在提高认识的同时，要解放思想。家长往往怕耽误孩子学习而不让他们劳动，但孩子未必能够把时间真正用在专心学习上。何况劳动不仅能帮助孩子养成好品德、好习惯，还对孩子的智力发展有极大好处。

（三）培养孩子节俭的好品质

**【案例】**

在北京，有一对年轻父母带着刚上小学不久的女儿去逛街。在一个繁华的路口，遇到一位正在卖《北京晚报》的老爷爷。父亲从兜里掏出5元钱交给女儿，叫她去买10份晚报。女儿买回晚报之后，父母和她一起商量：把晚报按原价卖出去，看看我们能否很快卖完。女儿在父母的支持与帮助下，费了不少时间才把10份晚报全部卖出去。然后，父母让女儿去问卖报的老爷爷，卖一份报纸能赚多少钱。孩子从老爷爷那里了解到，卖一份报纸只赚几分钱。她算了一笔账，花了这么长时间才能挣几毛钱，而且需要付出很多辛苦。孩子对父母说："爸爸妈妈，我以后可不能随便花钱了，挣钱太不容易了。"父母对孩子的想法表示肯定，及时表扬了她。这个女孩后来养成了节俭的好习惯。

这是一个真实的故事，那对年轻父母经过认真思考，才采取了这么具有教育效果的方法。他们是家庭教育的有心人。

现在很多孩子不懂得节俭，乱花钱，铺张浪费的现象十分严重。有一所小学，捡拾的物品可以堆满一间屋子，大至皮夹克，小至铅笔、橡皮。学校多次广播，要求孩子们去认领，却没有人去。一次家长会上，校领导讲了这件事，说再不认领就处理给废品收购站了，但也只有少数几个家长带着孩子前去认领。这种情况值得我们深思。

我们应该牢记中国的古训：成由俭，败由奢。成功由勤劳节俭开始，失败因奢侈浪费所致。即使到了经济高速发展、生活十分富裕的时候，这个朴素的真理也仍然适用。节俭是一个人应具备的重要品质，很难想象，一个从小大手大脚、铺张浪费的人能够创造一番事业，能够建设好自己的家庭。

孩子不懂得节俭，不能只怪孩子，家长也有很大的责任。社会上许多传媒过度宣传吃好、穿好、用好，刺激人们消费的广告到处存在。家长出于疼爱，不仅迁就孩子花钱，就连家长也会产生各种非理性消费的心理，如攀比、从众、追时髦、喜新厌旧等。时代在改变，人们的消费观念确实应该随之改变。随着经济收入的增加，人们吃饭讲究营养搭配，穿着讲究美观大方，这本无可非议，而且应该提倡，但盲目花钱、随便浪费与之是背道而驰的，是不良品质的反映。

新的时代，家长应该树立科学的消费观。不管花钱多少，以下三条是重要的标准。

第一，是否高效地使用金钱、财物，合理消费，用所当用；

第二，是否有利于孩子的发展——形成良好的思想品质、身体素质、心理素质、文化素质；

第三，是否杜绝了奢侈浪费、享乐主义。

为了培养孩子节俭的品质，我们提出以下几项具体建议。

1. 教育孩子正确认识金钱。从小就要让孩子懂得金钱是什么，钱是怎么来的，应该以怎样的态度和方式对待金钱，君子爱财，取之有道。对于年龄小的孩子，应联系实际生活对孩子进行讲解，多引用一些具体事例。对于年龄大的孩子，可以跟他专门讨论金钱的问题。

2. 教孩子学会花钱。孩子的消费行为是由被动逐步走向主动的，从孩子小学低年级开始，家长就应教给孩子如何买东西，如何用钱，如何选择物有所值的物品。教孩子把钱保管好，防止丢失、被窃。随着孩子年级升高，家长要让孩子学会在花钱之前先认真思考，逐渐养成习惯，避免盲目消费。有些家长让孩子“一日当家”“一周当家”“记收支账”等，这是教孩子学会理财的一种方法，有利于培养孩子的节俭品质。

3. 教孩子学会积累。孩子手里的零用钱、压岁钱应有计划地使用，适当积累；必需的东西才买，可买可不买的则不买，把剩余的钱存起来。在教孩子存钱、用钱的过程中，培养孩子节俭的好品质。

4．教育孩子懂得量入为出，适当消费。要让孩子明白，花钱的前提是必须有一定的经济来源。每个人、每个家庭的经济情况不同，花钱要看家庭的具体支付能力。即使家里很有钱，也要坚持前述的三条标准。

5．教育孩子懂得珍惜，不浪费。让孩子懂得所吃、所穿、所用都是来之不易的，这一切都是人们用汗水和心血创造出来的，随意浪费是不珍惜劳动果实、不尊重劳动的表现。要让孩子经常参加劳动，体验劳动的艰辛。有条件的家长可以带孩子去工厂、农村参观具体的劳动生产过程，参观书籍、报刊的印制过程。

当然，培养孩子节俭的品质，最重要的因素来自家长。家长从认识到行为，都应给孩子做好榜样示范作用。

节俭的美德是传家宝，在孩子身上应得到继承和发扬。

（四）培养孩子的自强精神

自强不息的精神是中华民族优良的传统美德。早在我国周代典籍《易经》中就讲道："天行健，君子以自强不息。"汉代典籍《礼记》中也讲道："知困，然后能自强也。"我们的祖先历来强调自强不息的优良品质。几千年来，中华民族以自强不息的精神历经磨难、艰苦奋斗，创造了伟大的东方文明，最终屹立于世界民族之林。在无数优秀的炎黄子孙的人生轨迹中，都鲜明地印刻着矢志不渝、刻苦勤奋、拼搏向上、自立自强的精神品质。我们的祖先历来告诫年轻人"少壮不努力，老大徒伤悲"，即使对老年人也倡导"老骥伏枥，志在千里"和"不须扬鞭自奋蹄"的自强精神。

我们的家长们都在以自强不息的精神求生存、谋发展，家长们也都希望在自己的孩子身上看到这种精神。然而我们经常看到，有的家长抱怨孩子有太强的依赖性，什么事情都依靠家长，本应是力所能及的事情也不会做、不去做；有的家长抱怨孩子没志气，没有上进心，得过且过，整天无所事事；有的家长抱怨孩子经不起困难和挫折的历练，不能克服困难；有的家长抱怨孩子贪玩，玩起来劲头特别大，一坐下来读书就无精打采，甚至厌学、逃学。

孩子不自强，不能完全责怪孩子，主要是我们的教育——家庭教育不当造成的。有三个主要原因应引起重视。其一，总是对孩子的能力持怀疑态度，不相信孩子能够很好地完成一件事情；其二，对孩子的否定评价和责备太多，肯定评价太少；其三，包办、代替太多，严重束缚了孩子的自主性。这些原因逐渐累积，会使孩子的自信心越来越弱，丧失自信。

培养孩子的自强精神需要家长与班主任共同努力：

1. 帮助孩子树立奋斗目标。没有目标就没有动力。目标一定要根据孩子的具体情况进行制订，不能订得太高，让孩子“跳一跳，够得着”。目标如果订得太高，无法达到，孩子会失去信心。对于问题较多的孩子，目标一定要具体，内容可以少一点，不能贪多，多了则不容易达到，孩子难以建立自信。每当孩子达到一个小目标时，家长就要及时肯定，随之孩子也会增加一分自信，增加一点自强精神。

2. 帮助孩子成功。每个孩子都有成就动机，问题再多的孩子，也都渴望有获得成功的机会，渴望品尝成功的喜悦。当帮助孩子订出了具体奋斗目标时，还必须制订达到目标的具体措施，比如可行的学习计划、劳动计划、具体内容要求、检查办法等。家长要有自己明确的任务和责任。成功由小到大，在于点滴积累。在追求成功的过程中，遇到困难时最需要支持、鼓励和具体帮助，这是培养自强精神的关键。

3．变责备为激励。对于缺乏自信的孩子，家长越是责备越容易使他们没信心，严重的甚至会导致孩子自暴自弃。教育者要积极转换思维方式，从寻找孩子的缺点变为发现孩子的优点，将否定评价转为肯定评价，将责备转为激励。常用的语言应该是“这次干得不错”“有进步，我很高兴”“好样的，再努一把力会更好”“你真行”“好棒，该庆祝一下”“知错就改，挺好”“别泄气，失败是成功之母”“有什么困难，咱们一起想想办法”……

4．取消包办代替，多给孩子自主机会。不管是在生活中，还是在学习上，凡是应该孩子自己做的，家长就不要包办代替。家长应该坚持如下原则：你能干的，我绝不替你干；你不会干的，我教你干；你让我干的，我要考虑该不该干。如果家长包办代替，久而久之，孩子就会养成依赖性，依赖是自强的大敌。有的家长认为在生活方面多替孩子服务，让孩子把时间用在学习上会有好处。其实不然，生活上的依赖会对自强精神的形成产生干扰和阻碍。有自强精神的孩子，生活上也不依赖家长。

5．教育孩子正确对待挫折。孩子的成长必须经过重重考验，家长要教育孩子在遇到挫折时，不气馁，积极总结教训，振奋精神，继续前进。这是培养自强精神的重要时机。让孩子从小懂得“人生无坦途”，要有大无畏的精神和勇敢前行的勇气。

（五）培养孩子一颗爱国心

爱国主义是中华民族的精神支柱。中华上下五千年，爱国主义一直贯穿其中。艰苦卓绝的人们为创造灿烂文化、推动社会进步而奋斗，积极抵制外来侵略，爱国主义提供了强大的精神动力。没有爱国主义，就没有中华民族的过去、现在和未来。人们都知道“天下兴亡，匹夫有责”的名言，都会讲“精忠报国”的故事，爱国主义精神在大多数人们的心里扎下了深深的根。但是，我们不能忘记，爱国主义精神要一代一代传下去，每位家长都有不可推卸的责任。

有的家长认为，进行爱国主义教育是学校的任务，这样的想法是错误的。学校理应对学生进行大量的爱国主义教育，但是要想取得良好的教育效果，还必须取得家庭的积极配合。因为家庭在对孩子进行爱国主义教育方面有着自身的优势。家长与孩子的亲缘关系有利于对孩子进行情感熏陶，家长与孩子的共同生活有利于家长随时抓住各种教育契机。革命先烈夏明翰在小时候曾经受到很好的爱国主义教育。他上小学时，有一次随母亲乘船从武汉到九江去，长江上外轮很多，气势汹汹。他母亲吟了一首内容为列强侵略中国的诗，让夏明翰根据此情此景也吟一首诗。他思索片刻，高声朗诵道："洋船水上漂，洋旗空中飘，洋人逞淫威，国耻恨难消。"诗虽稚嫩，却饱含真情实感。家庭教育在他心中播下了爱国主义的种子，促使他后来发奋读书，走上为国为民的人生之路。

有的家长认为，孩子的爱国精神与学习关系并不大，只要把学习抓好，爱国主义教育可以任选时间进行。这种认识具有一定的片面性。我们不妨想想，一个不热爱自己故乡、不热爱父老乡亲、不热爱自己国家的人，在他的身上能够发现前进的动力吗？如果他只是为了得高分、受表扬、升大学、挣大钱而学习，能跟我们的时代与社会发展合拍吗？纵观历史，众多的志士仁人、科学家、艺术家、英雄模范，在他们的灵魂深处都有深厚的爱国主义情感，有远大的报国之志。如果缺少对祖国深厚的爱，他们能成就一番事业吗？爱国主义精神促使人"弃燕雀之小志，慕鸿鹄以高翔"，只顾眼前利益的人是无法达到这种境界的。

进行爱国主义教育，应该按规律办事。

1．爱国主义教育是有层次的，由近及远，由具体形象的情感熏陶到思想认识及道德情操，由爱国之心到报国之志。小学低年级的孩子应从爱家长、爱家乡、爱国旗国徽、学唱国歌等贴近自己实际的事情做起，重点在情感熏陶。中年级以后逐渐增加国情知识教育、爱国英模人物教育、革命传统教育。小学高年级和初中时应该增加热爱当代中国、树立远大理想的教育。在家长的心里，教育既要有爱国主义这条红线，又要适合孩子的年龄特点。

2．充分利用各种大众传媒进行爱国主义教育。积极收听、收看广播电台、电视台的爱国主义教育专题节目。

家长和孩子一起收看、收听，互相讨论，往往会收到意想不到的教育效果。近些年出版了许多爱国主义教育的书籍，报刊上也有许多宣传爱国主义的文章，家长应尽可能利用这些资源，帮助孩子们形成优良的品德，促进其智力发展。

3．参观爱国主义教育基地，游览祖国大好河山。现在，各地都有爱国主义教育基地。家长应积极支持学校组织的集体参观活动。家长还可以利用休息日，组织全家人一起去参观，能够获得更深的感受。有条件的家庭应支持孩子或全家一起外出游览祖国的大好河山、名胜古迹，让美好的山水和丰富的历史文化积淀在孩子的心中。

4．与孩子一起参与爱国主义实践活动。应积极参加抗震救灾、扶危济困、希望工程、植树造林、保护环境等各种充满爱国主义精神的实践活动。家长要站得高些，看得远些，不要目光狭隘、“近视”。精神、经济的付出，往往都会使心灵获得收获。

5．家长要随时注意自己的言行，不给孩子造成不良影响。出于某些原因，家长可能对国家、社会持有不当的看法甚至有些不满和怨气，发表言论应注意场合和态度，以避免在孩子心中留下不良的种子。

### 三、家庭不能忽视法制教育

法国思想家、教育家让·雅克·卢梭曾说过，人生当中最危险的一段时间是从出生到12岁。在这段时间中还不采取摧毁种种错误和恶习的手段的话，它们就发芽滋长，以致以后采取手段去改的时候，它们已经扎下了深根，永远也拔不掉了。

这段话极具警示性又特别符合实际。让我们对这样一个事实进行分析。

某座有近600万人口的城市，分4批判处了172名罪犯死刑，其中18~25岁的年轻罪犯有115名，占到被处死人数的66.9%。为什么这么多的年轻人走向了犯罪的深渊？调查研究表明，从少年时期开始，他们就有违法犯罪行为，61.5%的人少年时，基本都有劣迹。这些孩子走上犯罪道路的原因是多方面的，但是家庭有不可推卸的责任。据分析，家庭给这些孩子带来的不良影响有：①不懂得如何教育孩子，管教无方，更谈不上法制教育；②对孩子百依百顺，有求必应。在115名孩子中，独生子和在家排行最小的人占比高达77.4%，家长对他们溺爱至极，使孩子从小就放任自由；③父母思想意识水平较低，自身缺乏法制意识，甚至有家人曾经有过违法乱纪行为；④家庭感情不和，父母离异，孩子缺少家庭温暖和家人陪伴。

由于法制观念淡薄，在对违法犯罪的行为不了解的情况下触犯刑律的事也屡有发生。而因法律意识缺乏，在自身受到侵害时不懂得运用法律武器保护自己，从而导致吃哑巴亏的人也确有不少。

令人痛心的事实告诉我们，如果孩子从小缺少法制教育，其后果是不堪设想的，而法制教育需要学校、社会、家庭协同进行。

家长应该从以下几方面进行努力。

第一，提高自身和孩子的法律意识，要认真学习法律常识。我们国家的法制建设日益完善，每一个公民都应努力成为知法，懂法，守法，能够运用法律武器保护国家利益、公众利益和自身利益的人。家长应买一些与法律相关的书放在家里，经常翻阅，这样会带来极大的好处。家长最好能联系社会生活实际，对一些法律问题进行讨论，这有利于全家人形成并增强法律意识。

第二，对孩子不溺爱，不放任。溺爱、放任会造成孩子唯我独尊，不懂规矩，甚至养成为所欲为的行为习惯。日积月累，很多这样的孩子形成恶习，置国家法律于不顾，走向违法乱纪的歧途。家长在对孩子进行教育的过程中，应举一些实际例子说明从小放任自己长大之后必然走向歧途，让孩子懂得没有规矩不成方圆的道理。

第三，丰富家庭健康的文化生活。家庭文化生活贫乏，往往无法满足孩子的精神需要，导致孩子经常到外边去寻找各种各样的刺激：聚群游荡，误入不良团伙；打架斗殴，欺负弱小；劫钱玩乐，赌博酗酒……从违纪到犯法，逐渐走向下坡路。家长要充分意识到，除了学习外，孩子还有其他需要，如亲情、友谊、娱乐、审美等。为了孩子能够健康成长，也为了家庭幸福，家长应该经常开展丰富的、高品位的家庭文化生活，提高生活质量，摒弃那种只重物质轻精神、只顾挣钱轻文化、只管学习轻品德的错误做法。

第四，重视初中孩子的青春期教育。许多地区的工读学校和少管所的资料表明，性错误是青少年走上歧途的一个普遍性因素。男孩女孩在青春萌动期，由于无知、好奇心强，加上自控能力弱，很容易在两性问题上犯错误。何况，当前大众传媒和社会生活中又有很多不良诱因，所以我们不得不高度重视青春期教育。家长应转变“难以启齿”的传统观念，积极对孩子进行正面教育。应对学校青春期教育的内容、步骤进行了解，积极配合，把基本生理知识教育与道德教育、法纪教育、审美教育相结合。父亲多教育儿子，母亲多教育女儿，有的内容父母可以共同教育。

第五，注意孩子学习与生活中出现的不良苗头，防患于未然。平时对孩子的表现多观察，如果发现了不良苗头，及时与之谈心，了解具体情况，采取教育措施，预防孩子走上邪路。哪些现象应当引起注意呢？学习成绩突然大幅度下降，无心向学；情绪反常，烦躁、闹脾气或沉默寡言、忧心忡忡；随便花钱，钱财来路不明；经常与不熟识的人联系，不按时回家；对异性特别感兴趣，偷偷看黄色书刊、录像；经常随身携带刀子、棍棒；等等。家长应密切观察孩子，要做教育的有心人。当然，家长也不可随便怀疑孩子，要多动脑，慢开口。

第六，教育孩子懂得运用法律武器保护自己的合法权益。在我们的大众传媒中，经常会对运用法律武器保护合法权益的案例进行报道，这是对孩子进行法制教育的活教材。家长应该和孩子一起看、听，并积极讨论，引导孩子树立保护自身合法权益的意识。如果亲戚、朋友的合法权益受到侵害，家长应鼓励受害人积极采取行动，努力寻求法律的保护与支持。这个过程对孩子的教育最直接、最有效。

## 四、孩子是集体的主人、社会的主人

### （一）孩子是班集体的主人

我们曾做过一项调查，看家长是否愿意孩子在班上当小干部，是否支持孩子多为班集体做事情。大多数家长做出肯定答复；一小部分家长不愿意孩子在班上当干部，多做事情；还有一部分家长觉得当干部可以为集体做事情，但不能耽误学习，不能傻干。

有一位小女孩在座谈会上说："星期六，我组织我们小队的同学自带工具去班上大扫除，妈妈对我说：'你干吗这么积极？干活悠着点儿。'"爱女之心可以理解，但这位家长的指导思想确实存在问题。

我们应该想一想，孩子在班集体中生活、学习，应该与集体形成什么样的关系？是融合在集体中积极做集体的主人，还是只做一个"随行"成员？有些家长的想法比较简单，在班上，孩子无非就是上课、开会、做值日，按要求做好就行了，关键是学习要好，对集体关心与否无所谓。实际上并非如此，一个人在集体中，会形成各种各样的人际关系，对集体的目标、纪律、风气会非常关心，会产生集体荣誉感或耻辱感。在集体中的每时每刻，都会有各种各样的情绪反映，这是客观规律。一个人对集体的投入程度，与他的身心发展有着密切的联系，在集体中，只顾自己的游离状态是非常难受的。

马克思曾说过，只有在集体中，个性才能获得全面发展其才能的手段。一个人的发展取决于和他直接或间接进行交往的其他一切人的发展。这很明确地告诉我们，人的发展无法离开交往和集体，集体是人全面发展的最有利的环境。一个人总是属于大大小小的集体的，如果将个体与集体的联系割裂，人就像离开水的鱼，无法生存，更谈不上发展。谁与集体的融合度高，谁就是真正意义上的集体的主人，谁就会得到最好的发展。因此，让孩子成为集体中的积极分子，既对集体的发展有利，也对孩子的进步有利。

首先，家长要对孩子所在的集体做到真正关心，经常了解班集体的具体情况，和孩子一起就班上的各种问题进行讨论，有时候可以与班主任交换意见。对于班上邀请家长参加的活动，家长一定要积极参与，如因特殊情况确实不能参加，最好以书面形式表明自己的想法和态度。凡是学校、班级召开家长会，开办家长学校，家长应准时到场，认真听报告，积极发言。班集体开展活动时，如果需要家长在人力、物力方面给予支持，家长应尽力支持。家长的这些做法会使孩子产生“我们家与班集体心连心”的感觉。

其次，家长应支持孩子当班干部或承担一定的集体责任。职务不分大小，责任不论轻重，都有利于培养孩子的主人翁意识，而且能锻炼孩子的多种能力。在完成任务的过程中，孩子会产生积极的情绪体验。如果实在没有合适职务，家长应鼓励孩子在每次班级活动中做积极分子，认真完成自己的任务，如发言、表演、布置会场、准备东西等，让他们积极参与进来。

最后，家长应对孩子在班上的表现进行了解，特别是孩子的情绪反应，并及时给予指导。孩子在班上的处境有有利的时候，同样也有不利的时候。人际关系、活动角色、教师态度、学习成绩都会带来孩子的处境变化、情绪变化。孩子年龄小，主观意识强，家长要认真了解情况并帮助孩子进行客观的分析、判断，既要看到有利因素，也要看到不利因素，指导孩子胜不骄、败不馁，学会控制自己，发展有利处境，扭转不利局面。

家长应该明白，集体主义与合理的个人利益并不矛盾，集体主义思想可以使人得到更好的发展，而个人主义与集体主义对立，不关心集体的人，个人也难以获得健康发展。让孩子成为班集体真正的主人。

（二）教育孩子从小遵守社会公德

有的人道德滑坡，道德价值观出现混乱，道德评价标准失衡。一些人并不重视也不遵守社会公德，甚至认为讲公德会吃亏；自私自利的行为甚至被认为是当今社会做人的行为准则。社会上持有这种观念的人不少，也逐渐对儿童和青少年产生了影响。

自古以来，任何一个国家都用社会公德要求来维护民族团结、社会安定，促进社会进步。一旦社会公德被破坏，必然会使人们行为失范、社会混乱，最终导致广大老百姓深受其害。所以，遵守社会公德于国、于民、于己都是一件好事。如果认为讲公德吃亏，大家都只顾自己，将会导致所有人吃亏，也包括自己。比如，在一个居民小区里，每个人都乱倒垃圾，结果会弄得臭气熏天，蚊蝇滋生，受害的将是所有的住户，如果大家都保护环境，讲卫生，受益的是每家每户；如果有一家只顾自己，这家就成了害群之马。此外，我们还应想到，一个人如果从小自私自利，只顾自己，不顾社会和他人，这个人能在社会上立足吗？哪个群体会欢迎这样的人？凡是有人群的地方，都会对自私自利的人嗤之以鼻。学校里，自私自利的学生在班集体中的处境也同样十分尴尬。对于个人来说，是否讲社会公德关系到他是否能建立良好的人际关系，是否能获得满意的社会角色地位，从而必然会对他的身心发展和事业发展产生影响。因此，必须教育孩子从小养成遵守社会公德的良好品质。

社会公德的主要内容是什么？教育孩子遵守社会公德应注意哪些问题？

1．教育孩子努力做到“五爱”

从20世纪50年代开始，一代又一代的中小学生都接受过以“五爱”教育为主要内容的道德教育。“五爱”为：爱祖国、爱人民、爱劳动、爱科学、爱社会主义。社会主义道德建设的基本要求，是爱祖国、爱人民、爱劳动、爱科学、爱社会主义。“五爱”应体现于社会生活的各个方面，包括在“家庭内部和邻里之间”，这说明每个家庭都应义不容辞地承担起对孩子进行“五爱”教育的责任。

家长在对孩子进行“五爱”教育时应该注意以下几点。

（1）把情感教育与理性教育结合起来

“五爱”重点突出的是一个“爱”字，有了爱才会在言行中表现出公德品质。可是“爱”不是无源之水、无本之木，必须以大量的感性知识和理性知识为基础，正所谓“知之深，爱之切”。比如爱祖国的教育，不能离开祖国的大好河山和祖国的悠久历史，更不能离开改革开放以来取得的伟大成就。家长在教育中要把自己的所见所闻、切身感受向孩子充满感情地讲述，而且要鼓励孩子知道得更多，认识得更深。

（2）“五爱”是一个紧密联系的整体，在教育中要重视这种联系，提高教育实效

当我们和孩子一起畅谈香港回归、澳门回归、祖国统一、京九铁路、三峡工程、航天事业等伟大成就时，“五爱”的内容就渗透于其中了。只要家长在交谈中加以点拨，孩子就会逐渐提高认识，加深情感。

（3）应根据孩子的年龄，采用相应的教育形式

小学中年级以下的孩子，需要直观、形象、生动的教育，中年级以上的孩子喜欢走得更远，接触更多的实际，而且开始对“字书”感兴趣；中学生感情越来越丰富，渴望实践，更加偏好富有哲理的名言、警句。家长对孩子进行教育时必须充分重视他们的年龄特点，选择适合他们的内容和方式。

2. 教育孩子遵守公共生活规则

公共生活规则是社会生活必需的最简单、最起码的公德要求。遵守公德说起来容易，但真正做到很难，而许多人往往是从不讲公德开始，最终走向邪路的。

（1）爱护公共财物

家长应教育孩子从小养成爱护公共财物的习惯。教育孩子要爱护公共设施，保护文物古迹，不破坏公物。跟孩子一起外出时，对那些破坏文物的现象要进行分析批评，不能无动于衷。教育孩子在学校要爱护桌椅、教学器材、体育器械等公共财物，积极参加维修桌椅等劳动。

（2）遵守公共秩序

家长应教育孩子在公共场所要自觉遵守各项规章制度和纪律。在影剧院、体育场、公园、图书馆、商店、汽车站等公共场所，一定要遵守规则，不因个人利益而无视甚至破坏规定。尤其当看到有人不遵守规则时，应该对其进行劝阻，不可盲目跟随。

（3）维护公共场所卫生，保护环境

现在，有些人不讲公德，随地吐痰，乱扔纸屑烟头，乱泼脏水，甚至公然破坏环卫设施。家长要教育孩子明辨是非，一定要坚决抵制这种不文明、不道德的现象。当发现孩子自身有这些行为时，家长应及时指出并立即纠正。

（4）参与公益事业

家长应教育并支持孩子积极参加各种公益活动，最好和孩子一起参加。参与公益事业的最基本表现是乐于助人。乐于助人应出于单纯和善良的动机，而不仅仅是为了受表扬。社会上许多助人为乐的人都是默默奉献的，家长应教育孩子学习他们的事迹。

公益事业有固定性和非固定性之分，相对固定的公益事业有“希望工程”、社会福利活动、“春蕾计划”（救助失学女童）等；非固定性公益事业则包括为重病的人募捐，支援灾民，救助遭受不幸的家庭等。家长要与孩子一起参与一些力所能及的公益活动，在生活中以善良与友爱熏陶和影响孩子，使他们从小就有一颗美好的心灵。如果家长对公益事业持一种“事不关己，高高挂起”的态度，就会在孩子心里埋下不良的种子。家长都期望年轻一代成为文明、善良、有公德的人，而要想使这些期望得以实现就必须从现在做起，从我做起，从每个家庭做起。

### 五、教育孩子学会文明礼仪，学会自我保护

（一）让孩子成为有教养的人

当我们与一个人接触之后，常常会这样评论他，“这个人素质高，有风度”“这个人有教养，谈吐文雅”“这个人连句客气话都不会说”“这个人俗不可耐，满嘴脏话”“这个人太邋遢，衣服皱皱巴巴，连脸也没洗干净”……一个素质高、有教养的人，必须具备良好的文明礼仪，这样的人往往会受到他人的尊重和欢迎。从心理学上讲，如果一个人被众人接纳的程度高，那么将会对建立和谐的人际关系产生有利影响，也有利于打开局面，促进事业的发展。如果缺乏一定教养，不懂文明礼仪，不被人们接纳和欢迎，如何在社会上立足，如何发展事业呢？

文明礼仪要从小培养，形成讲文明、懂礼仪的好习惯，“少成若天性，习惯成自然。”有些家长对此认识片面，不重视对孩子文明礼仪的培养。一些家长认为现代社会崇尚个人自由，文明礼仪无关紧要，只要学习好、有真才实干就行了。但是如果留心观察周围人物，你会发现事业有成的人中有几个不讲文明礼仪？现代社会的确尊重个人的选择，但是并不意味着可以忽视文明礼仪，相反对人的文明礼仪提出的要求也更高了，因为文明礼仪是社会文明程度的重要标志。现代社会“大雅之堂”越来越多，家长肯定不愿意孩子成为难登大雅之堂的人。一些家长存在一种误解，认为小孩子天真无邪，想怎样就怎样，长大了自然就懂得文明礼仪了。一方面，如果从小不培养孩子的好习惯，就可能会使

他形成坏习惯，坏习惯一旦形成了，就很难再改。现在有些孩子说话不分长幼，对客人没有礼貌，饭桌上挑挑拣拣、旁若无人……如果不对这些孩子进行教育和矫正，他们会在某一天早上突然养成好习惯吗？另一方面，培养孩子从小讲文明礼貌与孩子天真无邪的表现并不矛盾，越是讲文明礼貌的孩子，越能获得广阔的发展天地，因为他是受人们欢迎的人。小学、中学都有《学生守则》和《行为规范》，有的地区还专门制订了《中小学生文明礼仪规范》，这都为我们家长对孩子进行文明礼仪教育提供了依据和参照。

这里，就最重要的文明礼仪做些说明。

1. 个人礼仪

个人礼仪包括仪容仪表、仪态举止、谈吐、着装几个方面。仪容仪表主要要求整洁干净，脸、脖颈、手都应洗得干干净净；经常清洗和修理头发，经常剪指甲；经常保持口腔卫生，坚持早晚刷牙，饭后漱口，不当着客人面嚼口香糖；勤洗澡、勤换衣服，保持身体清洁。仪态举止主要从站、坐、行以及神态、动作方面提出要求，古人曾形象概括人体姿态："站如松，行如风，坐如钟，卧如弓。"优美的站立姿态给人以挺拔、精神的感觉，身体直立、挺胸收腹、脚尖稍向外呈"V"字形，忌讳无精打采、伸脖、耸肩、弓腰，正式场合切忌叉腰或双手交叉。坐姿要求端正挺直但不死板僵硬，不能半躺半坐，两腿间距与肩同宽，不能叉开，双手自然放在膝上或扶手上，大方得体；走路要求挺胸抬头，自然摆动肩臂，步速适中，忌讳摇摇晃晃，或者扭捏碎步；表情神态要求表现出对人的尊重、理解和善意，面带自然微笑，忌讳随便剔牙、掏耳、挖鼻、搔痒、抠脚等不雅动作习惯。谈吐方面要求态度诚恳、亲切，使用文明用语，简洁得体，不能沉默寡言，也不能自己喋喋不休，要认真倾听对方讲话，交谈时忌讳东张西望、翻看其他东西。人多时，不可只跟一人谈话而忽视其他人。着装方面要求干净、整洁、合体，忌讳皱皱巴巴。

2．公共场所礼仪

公共场所礼仪包括走路、问路、乘车、购物、观影等。走路除了注意体态姿势之外，还要遵守交通规则，遇到熟人要亲切地打招呼，互致问候，不能视而不见；如见到熟人需要交谈，应靠边儿或到角落谈话，不能站在道路中间或人多拥挤的地方；行人应互相礼让，青年人主动给长者让路，健康人主动给残疾人让路。向别人打听道路时，注意礼貌用语，如“对不起，打扰您一下”“请问”等，年轻人问路应选适当称呼，如“老爷爷”“阿姨”“叔叔”等，然后再问路。问完之后，一定要说：“谢谢您！”如果陌生人向自己问路，则应认真、仔细回答，自己不清楚时应说：“很抱歉，请您再问问别人。”到商店购物不可以以“上帝”自居，要注意礼貌用语，忌讳用“喂”“咳”等字眼，购物之后也应及时说“谢谢”。在影剧院里不能大声喧哗，不能乱扔纸屑、果皮；尽量在演出前到场，如果迟到，入座时走姿要低，速度要快；看真人演出，要对演员保持尊重，适时礼貌鼓掌；演员谢幕时，不能提前退场。乘坐公共汽车、火车时，人多拥挤，要照顾老人、小孩和残疾人；人与人之间互相挤撞时，不要恶言相向，要抱有理解、宽容的态度；要保持车上卫生整洁，不乱扔东西；学生上车不要抢座。

3．待客与做客礼仪

家中有人做客，要事先有所准备，收拾整理好房间。中小学生也要学会以主人的身份招待客人，迎接客人进屋，帮助客人取放衣物，请客人在合适的位置落座；询问客人爱喝的饮品，主动送上，要双手呈、接物品；与客人交谈时要主动大方；客人要走时，应礼貌挽留，说“您再坐一会儿”“再喝杯茶吧”等；并主动送客人一段距离，说“再见”“欢迎您再来”。

去亲友家做客要保持自身仪表整洁，尽可能带些小礼品以表示对主人的尊重。在亲友家，不能过于随便，要谈吐文明。不经主人允许，不可随意翻动别人东西，即使是至亲好友也应注意，应事先征得主人同意。如果在主人家用餐，要注意用餐礼仪：不能抢先入座，不要先动筷子；要请长辈先入座，长辈动筷子之后再动筷子，不能将双肘放在桌子上；面对饭桌上喜欢吃的东西，要注意节制，不能只顾自己；吃完之后，要礼貌地陪大家坐一会儿，或者说：“我用好了，请慢慢用。”然后再离座去别的房间休息。告别时要向主人表示感谢，如“今天真高兴”“谢谢你们的热情款待”。

以上对生活中的一些基本礼仪进行了介绍，难免挂一漏万。家长在生活中一定要注意提高自己的礼仪意识，如果家长自身不重视礼仪，是无法培养好孩子的。礼仪在我们的生活中随处可见，只要家长重视，并以身作则，按要求去坚持训练，如果发现孩子有不讲文明礼仪的行为，及时指出并帮助其改正，对培养孩子的文明礼仪习惯将有很大作用。

我们希望所有的家长、所有的孩子都可以成为有气质、有风度、有教养的现代文明人。

（二）树立自我保护意识，掌握自我保护技能

1991年第七届全国人民代表大会常务委员会第二十一次会议通过了《中华人民共和国未成年人保护法》（以下简称“《保护法》”），以法律形式对未成年人的“家庭保护”“学校保护”“社会保护”“司法保护”等做了明确规定，在《保护法》中提出了“教育与保护相结合，国家、社会、学校和家庭应当教育和帮助未成年人运用法律手段，维护自己的合法权益”。家长有责任让

孩子懂得自己的合法权益具体有哪些，如何运用法律武器保护自己的合法权益。建议家长首先对《保护法》进行认真学习，依法做好法律中规定家庭应做的事情；然后跟孩子一起学习《保护法》，逐条逐项弄明白孩子在家庭、学校和社会中所享有的各项权利。这样做可以共同提高家长和孩子的法律意识，适应法制社会的需要。

除了保护合法权益之外，青少年儿童还有自我身心保护的问题，对于那些虽不属于法律范畴但现实生活中必须重视的问题，家长也应积极对孩子进行教育，防患于未然。

据有关部门统计，我国中小学生每年因意外伤害事故死亡人数达到万人以上，平均每天有一个班的孩子因意外伤害事故而死于非命，这是惊人的、惨痛的事实。有些事故如乘车、坐船出事故，房屋倒塌，公共场所突然灾害等应由社会有关部门和学校努力预防，对于有些事故则应教育孩子学会自我保护。

1. 在家里的自我保护

孩子常常独自在家，家长要教给他们必要的常发事故的预防和保护措施：

（1）着火

教育孩子在家里不能随便玩火，不能随便玩火柴、打火机。要按操作规程使用炉火或煤气灶，应一步一步教给孩子具体的使用方法。热饭、烧水时要时刻盯着，怕忘记最好上闹钟提醒自己。家里应预备一些灭火器材，如灭火器、灭火粉，教给孩子使用方法。告诉孩子一旦发现火情，要用正确方法灭火：及时关闭电源、煤气灶阀门，同时打开门窗，呼唤邻居、行人帮助灭火，如家里或近处有电话，应迅速拨 119 报警。

（2）跑水

家里跑水也会给家庭造成损失。家里跑水一般有两个原因，一是水龙头损坏，二是水管破裂。应告诉孩子在家里不能用坚硬的东西砸水管，以防破裂。

告诉孩子家里水源的总开关在哪里，一旦发生跑水情况要先关闭总开关。如果孩子拧不动，要赶快请邻居帮忙，等家长回来之后尽快找人修理。

对于中学生，家长应教给他们一些简单的修理水龙头的方法，家中预备修理工具和小配件，这可以帮助孩子培养和提高动手能力。如果修不好就不要再修，及时关闭总开关，等家长回来再处理。

（3）煤气

炉火、液化气和管道煤气使用不当或管道泄漏都可能导致一氧化碳中毒，每年各地都有这类惨剧发生，对此必须高度警惕。

要教给孩子预防一氧化碳中毒的常识，特别要教给孩子正确使用炉火和煤气灶的方法。屋里要经常通风换气，冬天也不例外。一个人在家时如果感到不舒服，应赶快开门开窗，及时检查炉火、煤气灶是否存在问题，还可以请邻居帮助查看，给家长打电话。

（4）防盗

孩子独自在家，应把屋门、防盗门从里面反锁上，钥匙放在固定位置。

如果有人叫门，先问清是谁，如果是至亲好友，再开门迎进来；是陌生人或仅仅似曾相识的人，则不能开防盗门，应委婉拒绝：“实在对不起，父母不在，请您晚上再来，有什么事情，我可以转告。”若来人借口非要进来不可，也坚决不能开门，可以这样说：“我给爸爸妈妈打个电话，请他马上回来，麻烦您在外边等一会儿。”观察来人的反应，居心不良的人可能会离开。如果来人强行进门，则应大声呼救。

2. 在外边的自我保护

（1）教育孩子要严格遵守交通规则，不逆行，不抢行，不闯红灯，不骑快车，不与同学比赛，经常检查车闸灵不灵，不骑车带人。要以实际事例向孩子说明不遵守交通规则的危害。

（2）教育孩子在体育活动中注意安全。要按教师要求，做好准备活动，进行单杠、双杠、高低杠、木马、吊环等运动，一定要有人保护，不能单独做有危险的动作。游泳时要量力而行，不要逞强，先学会游泳再进深水。跳水要在教师指导下进行，不能擅自行动。

（3）教育孩子在劳动中注意安全。有些劳动工具容易造成事故。教育孩子在使用劳动工具进行劳动时，一定要听清指导者的说明，按操作要领干活，切忌蛮干。有些化学制品会有毒性，不能乱动。许多劳动现场安全要求十分严格，必须听从指挥，按要求去做。

（4）教育孩子上学放学、外出办事尽量走大路，少走僻静无人的小道。如走僻静小路，最好结伴而行；如遇坏人打劫，应尽快避开，跑向人多的地方，同时大声呼救。

（5）教育孩子如在外发现火灾、有人溺水等要大声喊人，不要自己单独去救火，如果自己不会游泳、不懂救护措施，千万不能下水救人。

3. 预防精神污染，防止受骗上当

（1）教育孩子在精神领域学会保护自己。报纸、图书、杂志、电影、录像、录音等各种传媒都不可避免的有不健康的东西腐蚀着青少年儿童。家长要经常跟孩子一起讨论对于我们而言什么是健康的，什么是有害的，提高孩子明辨是非的能力，自觉抵制不健康的东西，勇敢拒绝面对的诱惑。家长更要以身作则，洁身自好，以良好言行对孩子纯洁的心灵进行保护和教育。

（2）教育孩子学会识别骗子的骗术，不受骗上当。现在社会上有一些不法分子专门骗孩子的钱，甚至诱惑孩子走歪门邪道。有的骗子诱惑孩子赌博，有的以赊账的方式向孩子贩卖吃的东西和玩具，有的用讲故事的方法散布封建迷信或淫乱思想，有的向无知的孩子兜售摇头丸、迷幻药等毒品……针对这些社会现象，家长应认真和孩子进行分析，告诉他们这些坏人和骗子的真实面目，遇到这类事一定要开动脑筋，绝不盲从，回家以后要跟家长说清楚，还要向老师汇报。

现在还有拐卖儿童的不法分子，他们常常在孩子独处时以认识孩子父母或亲友、带孩子出去玩儿等借口拐骗孩子。家长要明确告诉孩子不能跟陌生人到任何地方去，如果是认识的人也先要事先回家告诉爸爸妈妈，如果有人强制自己干什么就大声呼救。

关于自我保护教育的内容十分丰富，家长应从实际出发，在生活中利用时机对孩子进行教育。要多给孩子讲实例，加深孩子印象。讲自我保护方法时要简明、具体，有操作性。

教孩子学会自我保护绝不是一件小事，一旦出事，后悔莫及。

## 第四节　指导家长做好智育

### 一、创造良好的家庭智力环境

（一）做爱动脑筋的家长

每位家长都希望自己的孩子智力发展好，而这一愿望得以实现的重要前提是家长要爱动脑筋，要以自己的智力活动促进孩子的智力发展。遗憾的是，许多家长经常以居高临下的态度来教育孩子“多动脑子”“好好用功”，而忽略了“以智能育智能”这一重要规律。

笔者经过调查发现，一些孩子思维活跃、条理清楚、分析问题头头是道，这离不开他们的家庭影响。到家里去家访，在谈话间可以明显地感觉到其家长思维的准确性和逻辑性。而且，有的家长虽然学历不高，没有文凭，但善于动脑筋。当然也存在相反的情况，有一次笔者发现一个孩子总是不能完整地讲好一句话，好像根本没有想清楚就急于表达出来。事后笔者去家访，发现了原因，原来他长期和祖母生活在一起，祖母也这样讲话，久而久之，也影响了孩子的思维。

为了使孩子的智力得到发展，家长应有意识地加强自己的智力活动，有时需要和孩子一起进行智力活动。主要做法有以下几种。

1．形成读书、看报的好习惯

读书、看报是一种很好的智力活动。家长在读书、看报的过程中，可以把新的信息传达给家人，可以和家人共同讨论对于某些信息的认识。经过熏陶，孩子也会喜欢读书、看报。

当遇到不明白的知识时，要查资料、查工具书，获得正确答案。家长与孩子进行探究，对孩子增长知识、训练思维、培养能力有着重要意义。

有的家长在读书、看报的过程中，划重点，剪贴感兴趣的文章，随时记录读书笔记，孩子就会学着家长的样子去做。如果家长将一些方法教给孩子，会收到更好的效果。

2．举办家庭知识竞赛和智力竞赛

知识竞赛以知识识记为主，智力竞赛以开动脑筋为主。书店、图书馆以及报纸杂志上有很多相关资料，全家人可以动手收集一些备用。

竞赛的方式多种多样，必答、选答、抢答，口述、手写、动作，记分、淘汰、小奖品……家长和孩子可以轮换当主持人，准备过程也是学习知识、发展智力的过程。利用饭后、学习之余或节假日，都可以进行。家长要充满热情，让孩子多想点子。

这项活动还可以针对孩子在学习中的弱点进行，激发其学习兴趣，扩大知识背景。

3．开展家庭讨论、辩论活动

生活中有许多现象，社会上有许多热点问题，可能会引起家长和孩子的兴趣，但他们的看法未必一致，我们可以就此开展讨论、辩论活动。讨论、辩论中要各抒己见，言论自由，允许不同意见的存在。孩子的看法难免会片面偏激，这没关系，争论本身最能促使人深入思考。给自己找理由、找证据的过程，即是高密度的智力活动。

有很多可以讨论、辩论的话题，自然的、社会的，国内的、国际的，文学的、思想的，历史的、现实的……只要有心，不愁无题。如果一个家庭能够形成讨论、辩论的风气，那么家庭中每个人的水平都会得到提高，而且能够使有些家长一人说了算的不民主作风得以矫正。

4．增加家务劳动中的智力活动

很少有人能够想到家务劳动与智力之间的关系，其实所有的劳动都包含明显的智力因素。饭，怎样做能节约时间；菜，怎样做才好吃、好看；大扫除，先干什么，后干什么；地板，怎样能擦干净；等等。越是复杂的劳动，越有较高的智力含量。如果有意识地在家务劳动中引导家人开动脑筋，必然会使大脑得到锻炼。

有些家长全凭习惯和经验干活，如果尝试动动脑筋，肯定会有新的思路。

5．在解决家庭难题中发展智力

家家有本难念的经，只要不是必须回避孩子的难题，则可以邀请孩子一同解决难题。先是让孩子了解有关情况，研究解决方法时认真听听孩子的意见，如果能给孩子一点任务更好。

举一些难题的例子，如算不清楚水电费，家里买大件商品时犹豫不定，祖辈有困难不好解决，父亲或母亲出差时家里事情安排不妥，亲友邻里矛盾难以解决，等等。家长往往认为孩子小，没必要管这些事，其实不然。孩子在参与处理这些事情的过程中，不但智能得到了发展，其责任意识和社会成熟度也得到了提高。有利无弊，何乐不为？

6．经常向孩子请教

现在的孩子在某方面懂得的东西甚至比大人多，家长应树立向孩子学习的意识。有些知识家长可以直接向孩子学习，既学到东西，又促进了孩子的发展。现在有不少家长跟孩子学英语，从而使孩子英语学得更好，比听写、默写还管用。有一位山村农民，从来没上过小学，跟着上小学的儿子学数学，父亲不断进步，儿子也成了数学尖子。

有时孩子讲出一条很新的信息，家长不妨认真地说："再多讲一点儿，让我也多知道一些。"

总之，家长爱动脑筋，多跟孩子一起进行智力活动，可以互相促进，比天天训孩子要好得多。

（二）创造良好的学习环境

学习是一项艰苦的脑力劳动，需要踏实、专心，最忌讳浮躁、精神不集中。一个孩子在家里学习的时候必须"入境""入静"，即做到目的明确、思想集中、心里踏实、适度紧张。一坐到书桌前，应先想清楚自己的任务，安排好做事的顺序，避免忙忙乱乱。

每干一件事，都全力以赴，心无旁骛，而且要保持适度的紧张感，提高学习效率。要达到这样的境界，需要家长与孩子的共同努力，家长起引导作用。越是年龄小的孩子，越需要家长多下功夫。

第一，家长要让孩子明白学习必须专心致志、脚踏实地的道理，应该把讲道理与训练结合起来。古今中外有很多专心学习的故事，应该找给孩子看，讲给孩子听。有条件的家庭，可以带孩子到大型图书馆的阅览室去看书、阅读报刊，让孩子切身感受那种人人专心读书的气氛。训练方法主要是定时、定任务、定要求，让孩子力所能及、高效率完成，亲自尝到专心读书学习的甜头。年龄小的孩子，家长应给孩子进行示范，比如一定时间里，工工整整写多少个字、记多少个词语、背多长的课文，还可以用竞赛的方法进行训练。坚持一段时间，就可以养成专心的习惯。

有的家长每天只知道用简单的话催孩子、训孩子，而没有教育孩子，结果使孩子养成马马虎虎、潦潦草草、应付差事的坏习惯，家长反过来又埋怨孩子不争气、没出息，却没有想想自己是否尽到了应尽的责任。如果孩子已经不能“入境”“入静”，家长先对自身的做法进行反省，不能一味地否定和批评孩子。然后，家长应积极改变自己的做法，明理导行，帮助孩子改变不良习惯。

第二，给孩子创造适合学习的环境，应做到以下几个方面。

1. 给孩子预备固定的学习桌椅，桌椅的位置不能乱动。学习最忌讳“打游击”，一会儿在这里写作业，一会儿又到别处去。桌椅固定，能够使孩子形成专心学习的心理定势，一进入这个环境，脑筋就随之调整到学习状态。

桌子上不能乱七八糟地堆放东西，应整齐地摆放课本、作业本、文具以及必要的工具书，旁边有一个小书架、书箱的话会更好。绝不要在桌子上和桌子旁边放玩具、零食，以免形成干扰因素。

2．房间布置要适合孩子学习。孩子的房间布置应简洁、明快，摆放物品不能太多、太杂。墙壁以淡色为好，不建议贴挂太多东西，应该有一条关于学习的格言或座右铭，最好由孩子自己选择。有的家长让孩子从自己的实际出发，自己编写格言、警句，然后抄好贴在墙上，这也是一个可以借鉴的办法。

房间的布置应适当考虑孩子的个性特点。比如有的孩子特别好动，房间就应减少大红大绿、五彩斑斓的东西，以免加剧其不稳定的情绪；有的孩子过于内向、沉闷，房间的布置反而需要相对热烈、活泼一些。

3．在孩子学习时保持安静的环境。孩子学习时，家长应该尽量保持安静，最好不要打开电视、收音机等，如果在不同的房间，应把门关好，声音调小。说话时降低音量，尤其不要吵架。

4．家里人最好有共同学习的时间。条件允许的话，每天晚上几点到几点之间，全家人都同时学习，有的读书，有的看报刊，有的写东西，这样的家庭氛围对孩子专心学习有着极大的促进作用。

第三，创造适合孩子学习的心理氛围。

这主要是人际环境问题。长辈与长辈之间、长辈与晚辈之间互相关心、亲密融洽，是孩子“入境”“入静”的重要条件。如果家庭人际关系不和谐，矛盾重重，甚至吵吵闹闹，就会给孩子带来一种心理干扰和情绪压力，久而久之，孩子就会产生焦虑、恐惧、厌烦等心理，从而无法投入学习。

创造良好的学习环境是孩子专心学习的基本条件，家长对此应该充分重视。

## 二、指导孩子学会学习

### （一）坚持“五步学习法”

时代的发展向每个现代人都提出了更高的素质要求，要求每个人都要学会学习、学会做事、学会关心、学会发展。这包括品德、智能、身体、心理等多方面的素质，其中学会学习是最重要的素质之一。

学会学习主要包括四个方面的内容，即学习目的明确、学习兴趣浓厚、学习方法科学、学习习惯良好。这里，先对一种基础性的学习方法展开介绍——五步学习法。家长可根据“五步学习法”的具体要求，指导孩子养成按步骤扎扎实实学习的习惯。

1. 课前预习

中国有句古话：“凡事预则立，不预则废。”这句话强调不管做什么事，都要事先做好充足准备。学生学习课程知识，课前的预习既是心理准备，也是对具体内容的准备。

课前预习的基本要求是：认真阅读教材，了解教材内容，思考内容重点，发现学习难点，做好听讲的准备。孩子是否预习将对其学习效果产生直接影响。孩子在认真阅读教材的过程中，如果遇到不认识的字或不懂的词语，应尽量查工具书学会。对于数学、物理、化学等理科课程中的定义、定理和例题，要重点思考，理清思路；对于语文、历史、地理、外语等文科课程中的基本概念、基本观点、基本知识要尽量读懂并理解。对于不明白的内容，应用铅笔画出来，课堂上认真听教师讲解。对于重点课程，可以指导孩子准备一个预习本，记下预习中发现的重点和难点。

有的孩子预习功课走马观花、流于形式、不动脑筋，这样无法取得应有的效果。家长要给孩子讲清楚，预习是预先自己学习，这对于培养、提高学习能力来说至关重要，也有利于提高自身的学习质量。

2．认真听讲

在学习过程中，最重要的是是否会听讲。孩子经过预习之后，在心理上就会产生一种想听听教师怎么讲、跟自己的理解是否一样的愿望。教师讲课要比孩子自己学习更加深入，要告诉孩子上课应该跟着教师的教学走，眼睛看、耳朵听、心里想，需要做练习时马上动手。

孩子不认真听讲也有一定的原因，应对症下药进行解决。

一是根本听不懂。有的是以前学的基础太差，无法跟上教学进度；有的是没有认真预习。针对前一种情况，应该给孩子补课并加强预习，后一种情况主要是加强预习。

二是自制力差，易受内部、外部干扰而分神。这主要是意志品质问题，应尽力锻炼孩子的意志品质、提高其自控能力。

三是缺乏学习兴趣。孩子对于感兴趣的课程就专心听讲，不感兴趣的课程往往就不专心。如果是这方面原因，应跟任课教师多加沟通，请教师在课堂上给孩子提供表现的机会，并尽量给予其肯定性评价。还可以告诉孩子，在课堂上即使教师没有叫你回答问题或让别人上黑板演练，自己也应对教师的问题在心里进行尝试回答或在本子上进行演练。教师评价其他同学的回答或演练情况时，自己应对照着进行评价，肯定自己的优点，找到存在的不足，进行自我激励。还可以跟孩子一起选购一两本与课程有关的趣味性强的课外读物，进而提高自己的阅读兴趣。

要指导孩子记好课堂笔记。教师要求记的必须认真记下来，自己认为必要的也应随时记下来以备复习时用。笔记本上应适当留有一定的空白处，做补记某些内容之用。

教师讲课中或讲课后，常常会给学生提问题的机会。孩子要大胆提问题，提问题先动脑筋想想问什么、怎么问。

3．复习当天讲课内容

这是做作业前必要的一步。许多孩子忽视这一步，忙着做作业。做好这一步，有两个好处：一是完整地把握讲课内容，加深理解、增强记忆；二是有利于顺利完成作业。

这一步是对课程内容进行第三遍学习了，应该不同于预习、听讲，要明确地记住重点和难点，对基础知识、定义、定理要进行强制记忆，要掌握例题的解答步骤、方法，如遇有困难的地方，要反复思考琢磨。

要做好这一步，看教材和看笔记缺一不可。

4．做作业

有了复习过程，作业的完成就会比较顺利。

做作业的要求是：看清题，抄对题，理清思路，一次做对，认真检查。

有的孩子只顾完成作业的速度，没看清楚题目，有时还会抄错题，不是先想好了再动笔，而是写一步想一步。这样，作业质量肯定不佳。家长应教育孩子，做作业是运用所学知识解决问题、提高学习技能的过程，必须脚踏实地，一步一个脚印，马马虎虎是学不到真本事的，欲速则不达。

做作业时要在旁边预备草稿本或草稿纸，有的作业需要先打草稿，准确了再抄在作业本上。作业本上尽量减少或没有涂改的痕迹。

作业要自己检查，不能完全依赖家长，家长也不要越俎代庖。教师要求家长检查、签字，家长在检查作业后发现错误，不宜直接告诉孩子错在哪里，应让孩子自己复查，比如说："这两题有一道错了，你自己检查一下。"这样，有利于培养和提高孩子的能力。如果直接告诉他哪儿错了，甚至直接帮孩子改错，孩子容易形成依赖心理。

5．小结

学完一个单元后应该及时做小结，重新看教材、看笔记、看作业，复习一遍课程内容，巩固记忆。对作业或课堂小练习中出现的错误要特别重视，分析原因，及时改正。最好有错题本，以免同类错误重复出现。

上述五步学习法是学习的基本方法，家长应指导孩子严格按这五步走，不能怕麻烦。只要认真去做，孩子的学习就会按部就班、扎扎实实。孩子一旦形成了良好的学习习惯，家长就可以放心了。当然，五步学习法并不是一成不变的，它只是一种基本模式，孩子在这个基础上可以进行适当的创造、发展。

（二）培养孩子良好的学习习惯

孩子学会学习，除了“五步学习法”之外，还必须养成良好的学习习惯。凡是学习成绩好而且稳定的孩子，他们的共同点就是从小就有良好的学习习惯，而成绩忽好忽坏的孩子，往往缺乏良好的学习习惯。

良好的学习习惯包括什么？培养的方式有哪些？下面逐一说明。

1．按计划学习的习惯

孩子的主要任务是学习，同时还有劳动、文娱活动、体育活动、游戏、交往等内容。家长指导孩子订计划，应该包括德、智、体各方面的安排，学习是其中的重要部分。

孩子的计划应包括每天的时间安排、考试复习安排和双休日、寒暑假安排等。计划要简明，列好每个时间段做什么事情，达到什么要求。

要合理安排星期一至星期五早自习和放学回家以后的时间。早自习可以适当安排背诵、记忆基础知识、预习等内容，放学回家主要是复习、做作业和预习，应该注重劳逸结合。

周六和周日应安排小结性复习、做作业、劳动、文体活动以及参加课外兴趣活动。内容不可排得太满，否则也会带来不良效果。

寒暑假时间较长，除了完成假期作业之外，还要合理安排课外阅读和文体活动。有的孩子学习吃力，应利用假期补习功课。

订计划时要发挥孩子的积极性，家长不能完全代替，应该提出指导性意见。要督促孩子严格执行计划，不能订完计划不予执行。计划可以调整，但不可以放弃。

2．专时专用、讲求效益的习惯

不少孩子学习磨蹭，看书、做作业心不在焉，花费时间多，但没有良好的效果，这与没有形成专时专用、讲求效益的习惯有很大关系。

孩子学习应该速度、质量并重，在一定时间内按要求完成一定数量的任务。这既要讲清道理，更需要认真训练。

由于孩子年龄不同、个性不一，每次能够集中脑力的时间长短不一样，家长要从孩子的具体实际出发，对孩子提出要求。比如小学一二年级的孩子，每次学习的时间应以 20 分钟左右为宜，以后再逐渐延长。开始孩子往往无法掌握时间，家长应对他进行指导，该学时学，该玩儿时玩儿。可以教孩子上好闹钟，按定好的时间作息。最重要的是教孩子在学习内容的数量和质量方面自己对自己提出适当要求，一旦坐到书桌前就应进入适度紧张的学习状态。每次学习之后要学会对自己进行合理评价，家长要及时给予鼓励。长期坚持下去，就能形成专时专用的习惯。

有些家长只要求学习，恨不能让孩子老坐在书桌前看书、做作业，根本不安排休息与放松的时间。这样，反而容易使孩子形成磨磨蹭蹭，不讲效益的毛病。

3．独立钻研、务求甚解的习惯

学习最忌讳一知半解、浅尝辄止，要想学习好，必须养成独立钻研、务求甚解的习惯。如何培养这方面的习惯呢？

方法一：鼓励孩子刨根问底的积极性。在日常生活中，孩子对许多事总爱刨根问底，这是好奇、求知的表现，说明孩子勤于动脑。家长切记不可嫌孩子嘴贫，冷漠对待，最好跟孩子共同探究，能解决的自己解决，不能解决的向他人请教或查阅资料。

方法二：在学习过程中，指导孩子多问自己几个“为什么”。由于学习任务多，孩子往往满足于得到的现有知识，很少多问几个“为什么”。在孩子每天学习之后，家长不妨引导孩子多给自己提一两个“为什么”的问题，积极动脑筋去思考，想出合理的答案。

方法三：家长与孩子互考。安排一个时间，全家人坐下来就某一方面的问题互考。应事先定好内容，大家应准备好答案。

方法四：鼓励孩子一题多解。老师留的作业常常不止一种答案、一种解法，孩子在完成作业时如果只写了一种，家长可以引导孩子想一想还有没有别的答案、别的方法。如时间允许，可以写在另外的纸上或本上。

4．查阅工具书和资料的习惯

工具书和资料是不会说话的老师，在学习中会使用工具书和资料会有很多好处。除了一般的字典、词典之外，各门学科都有专门的工具书，家长要指导孩子合理利用工具书。家长自己应积极给孩子树立榜样，还可以跟孩子进行查字典、词典比赛。

有条件的家庭可以带孩子一起去选购几本工具书（包括资料

性的）放在书架上，并经常查阅。买学科工具书时，应多听取任课教师的意见。这方面习惯养成了，将会终身受益。

5．善于请教的习惯

善于请教是一种良好的习惯。善于请教的前提是善于思考、善于提出问题。家长要指导孩子随时记录学习中遇到的问题，以便及时向老师、同学请教。向别人提出的问题，应该是自己通过努力无法得到解决的。提问题要讲质量，翻开书本就能解决的最好自己解决。有些疑难问题如果自己有尝试性答案，带着答案去请教会有更大的收获。

学问，学问，既要学，又要问。有的孩子上课不敢问，下课也不敢问。对这样的孩子要鼓励他勇于突破第一次，几次之后就敢提问了。

以上谈了几种重要的学习习惯，家长可联系孩子实际有针对性地对其进行教育培养。能否给孩子提出符合实际的合理的要求，能否认真地督促引导孩子，能否持之以恒而不半途而废，也是对家长教育意识和教育行为的一种考验。

## 三、提高孩子的观察能力、记忆能力

（一）观察是智力的门户

科学研究表面，人的大脑所获得的信息大多数是通过眼睛和耳朵吸收进来的。因此，有人说，观察是智力活动的门户。任何一个人，如果没有较强的观察力，他的智力很难达到高水平。著名生物学家达尔文说过："我既没有突出的理解力，也没有过人的机智，只是在观察那些稍纵即逝的事物并对其进行精细观察的能力上，我可在中人之上。"生理学家巴甫洛夫在他实验室的墙上写着六个醒目的大字："观察，观察，观察！"

观察力是指人通过眼、耳、鼻、舌、身感知客观事物的能力。

观察是人的有目的、有计划的感知活动，不是盲目的、随意的。人学习知识的过程，从观察开始。如果要学习社会知识，就要观察社会生活和各种社会现象，了解人的复杂的社会关系和社会发展的规律，从而获得社会科学知识；如果要学习自然科学知识，就要在自然条件下或在实验室里认真观察具体的事物，观察各种自然现象、实验现象，认识它们的结构、形态、特点、区别与联系、变化规律等，从而获得自然科学知识。即使是间接地从书本上获得知识，也离不开眼睛、耳朵等感官的观察活动。

教育家L.V.赞科夫曾经明确指出，孩子学习成绩落后的原因纵然是复杂的，但普遍的特点之一是观察力差。因此，要想发展孩子的智力，提高孩子的学习成绩，不提高他的观察力是不行的。

提高孩子的观察力既是班主任的任务，也是家长的任务。家长应该怎样做呢？

1．指导孩子明确观察目的，养成观察习惯

明确观察目的，包含两层意思：一层是教育孩子在观察任何事物时，都要有明确的目的，观察什么？为什么观察？另一层是教育孩子在心里树立观察的意识，认清观察对于发展自身智能的好处。

在家里或外出时，可以随时确定一种观察对象进行有目的地观察。比如，观察一件工艺品的形态、颜色、特点、制作水平，观察做饭、做菜的全过程，观察山水、树木、花草，观察一座建筑……为了提高观察效果，还可以边观察边用语言描述。家长与孩子还可以互相评议，看看观察得仔细不仔细，描述得逼真不逼真。如能经常这样做，定会提高孩子的观察力。

2．培养孩子有计划地观察事物

观察活动有时间长短、范围大小、内容繁简的分别，但都需要有计划地进行。没有计划的观察效果会大打折扣，不利于提高孩子的观察能力。观察有计划是指在观察活动开始之前，先定好观察的目的。比如做米饭，要想知道放多少米、放多少水、大火烧多长时间、小火焖多长时间，需要先是观察父母怎样做，然后自己一边帮着做一边观察。这样既学会了做饭，也提高了观察力。

有的家长支持、鼓励孩子自己种一盆花或养几条鱼，每天观察其变化，有的还写观察日记，不断给予指导。这样的观察活动既有兴趣，又有丰富的内容，效果很好。

3．指导孩子学会观察的方法

“横看成岭侧成峰，远近高低各不同。”从不同角度观察事物会获得不同的信息和感受，因此观察事物必须掌握不同的方法。

常用的观察方法有：长期观察、短期观察和定期观察，全面观察和重点观察，正面观察和侧面观察，直接观察和间接观察，在自然状态下观察和在实验中观察，解剖（或分解）观察和比较观察，有记录观察和无记录观察，等等。观察不同的对象，出于不同的目的，应事先考虑用什么样的观察方法。有时候，需要几种方法配合使用。

4．指导孩子遵循感知规律进行观察

观察事物是为了认识事物，感知是认识的第一步。而感知是有规律的，应该遵循规律去进行观察。

强度律：观察的对象必须达到一定的强度，才能观察得清晰、准确。因此在观察前，对有可能提高强度的事物，应采取措施提高其强度。比如，观察人的肌肉，绷紧时看得最清楚；观察蒸汽的特点，水壶里的水要满到一定程度效果才好。

活动律：运动中的对象容易吸引人的注意，运动中的情况与静止状态有所不同。因此观察某些事物，既要观察静止的情况，又要看活动中的情况。比如，观察一个人就应将静止状态与活动状态结合起来观察。

对比律：两个显著不同甚至对立的事物容易观察，因而在观察中把具有对比意义的材料放在一起观察效果比较好。比如，把两种不同的苹果放在一起比较形状、颜色、大小，再通过品尝比较味道。

差异律：被观察的对象与背景反差越大，观察效果越好。因此，要设法增加观察对象与背景之间的差异。比如，观察一种昆虫的形态、颜色，把它放在反差大的纸上效果会更好。

组合律：把有关联的事物组合起来观察，既能把握整体情况，又能把握具体情况。比如观察一间房屋的布置，观察一个人的服饰时，就应该组合起来观察。

协同律：观察任何事物都需要人的不同感官的协同配合才能收到好的效果。

指导家长记住有关观察力的基础知识，培养、训练孩子的观察力。

（二）寻找记忆的规律

记忆是大脑的重要功能，记忆力是人的智力活动的重要标志。一个人如果记忆力强，可以为他的智力活动提供更多更好的“储备”；反之，“巧妇难为无米之炊”。为了提高孩子的记忆力，家长应该先了解有关记忆力的一些基础知识。

记忆是信息摄入、编码、储存、提取的过程。从心理学角度说，记忆包含识记、保持、再认和重现等基本过程。

所谓识记，分为识和记两个方面。先识后记，识中有记。所谓保持，是指把已经识记过的材料有条理地保存在大脑之中。再认，是指识记过的材料再次出现在面前时，能够认识它们。重现，是指在大脑中重新出现对识记材料的印象。这几个环节缺一不可，家长在培养孩子记忆力时，应该要注意这些环节。

记忆按其目的性和采取的方法，可以分为有意记忆和无意记忆。所谓有意记忆，就是具有自觉目的，通过意志努力，采取一定方法所进行的记忆。在学习过程中，大量的记忆都是有意记忆。有意记忆按其记忆方法不同，又分为机械记忆和意义记忆。机械记忆是在不理解材料意义或材料本身没有什么意义时的强记，主要靠反复复习。意义记忆是在首先理解材料意义的前提下进行的记忆，其方法是在理解材料含义和掌握逻辑关系基础上反复复习。在学习过程中，意义记忆为主，机械记忆为辅，二者都需要。所谓无意记忆，就是没有自觉目的，没有进行意志努力，没有采取一定方法的记忆。这类记忆在日常生活中很多，在学习过程中较少。

人的记忆效力是非常大的。据科学家研究，一个正常人脑的记忆容量相当于五亿本书的知识总量，一个人的一生能储存一千万亿个信息单位，这种能力再好的计算机也比不过。一个孩子学习需要记忆的东西，只是使用大脑仓库的极小一部分。

记忆力是可以培养的。据史书记载，我国伟大的史学家司马迁小时候曾经记忆能力不强，读书时，背诵的作业总不能顺利完成。老师检查时，他往往丢三落四。当他认识到自己的缺点之后，加强训练，抓紧一切时间进行背诵练习。经过一段时间刻苦努力，终于成为记忆力较强的人，为他以后成为著名史学家创造了条件。

究竟怎样培养孩子的记忆能力呢？

1．教育孩子要有明确的记忆目标

记忆具有意识性、指向性。要想记住东西，目的必须十分明确。在学习中，要记忆一个单词、一个概念、一个定理、一个公式、一篇诗文，都要先给自己定下目标，以“必须记住”为目标来要求自己。不能记不记两可，记得住记不住没关系。无所谓的态度、应付差事的态度是不利于记忆的。

2．提高孩子记忆的自信心

有的孩子记忆之前先有畏难情绪，担心记不住，对自己没有信心。这样就在心理上产生了抵制记忆力的因素，造成精神不集中，总是记不住。人和人的脑力有差别，但并不大。同样的脑力，充满自信的人记忆快、记得多。因此，家长必须鼓励孩子的自信心，有了自信心，精神集中，头脑敏锐，记忆就快。经过一段时间，会形成良性循环。

3．教育孩子注意理解、及时复习

理解了的东西往往更容易被记住。除了必须死记的材料，如地名、人名、年代等之外，凡有具体含义的材料都应先理解再记忆。记忆之后要及时反复复习，最大限度减少遗忘。人的遗忘是有规律的，最开始忘得快，随着时间的逐步推移而减慢。因此，在记忆之后的前几天里反复复习是非常有必要的。心理学家赫尔曼·艾宾浩斯通过实验画出人的遗忘曲线（一次记忆，不复习），这条遗忘曲线提醒我们，必须及时复习、反复复习，才能记得牢。

4．指导孩子注意用脑的艺术

脑子越用越灵，但必须讲究科学用脑，最重要的是劳逸结合，保证睡眠。在学习过程中，合理安排休息。可以采取交替学习不同功课的方法，特别要养成讲求效率的好习惯。

5．用单侧体操增强记忆力

人的左右脑功能不一样，记忆需要左右脑协调配合。孩子在学习时使用左脑比较多，右脑用得比较少。为了提高右脑的活力，可以做单侧体操，有意识地增加左手、左腿、左脚的运动机会，刺激右脑，使之得到锻炼。

目前在图书市场上有一些专门讲记忆问题的书，列出许多具体的记忆方法。家长可以带孩子买一两本，读一读，多学些好的记忆方法。而且应该鼓励孩子总结经验，创造适合自己的记忆方法。

## 四、提高孩子的思维能力、想象能力

（一）发展智力的核心因素——思维

思维能力是人的智力的核心因素，通过思维能力可以反映出一个人智力水平的高低。那么，什么是思维？什么是思维力？怎样培养孩子的思维力？每位家长都应该有正确的认识，在教育培养孩子过程中自觉地采取措施，让孩子变得更聪明。

思维，就是通常所说的“想”“思考”“动脑筋”，是人的大脑对客观事物的认识过程。人们对客观事物的认识一般分为感性认识阶段和理性认识阶段。比如，我们认识一个人，先是从知道他的姓名、长相，听他说话、看他做事开始的，以后逐渐对他了解越来越多，直到认识他的性格特点、他的精神境界。这就经历了感性认识和理性认识两个阶段，使我们完成这个认识过程的核心因素就是思维。在感性认识阶段，人们也要“想”，但那是初步的，只有对客观事物获得了大量的感性材料时，人们才能通过分析、综合，认识事物的本质特征，所以，思维主要表现在理性认识阶段。

思维力，就是一个人进行思维的能力。思维水平的高低，反映一个人的智力活动水平的高低。它表现为以下几个方面。

一是独立性。思维能力强的人，必定是善于独立思考的人。在学习中遇到疑难、生活中遇到困难时，他都能独立思考，寻找答案。即使是请教别人、查阅资料，也是以独立思考为前提的。

二是灵活性与敏捷性。思维能力强的人，对问题反应迅速而且灵活，不墨守成规，能比较快地认识和解决问题。

大家都知道“曹冲称象”的故事：有人让少年曹冲称一头大象的重量，这对一个小孩子是个大难题。可是曹冲经过迅速而灵活的思考，很快有了办法。他先让大象站在船里，在船身刻上水位记号，然后把大象拉下来，往船上装石块，直到水位到达原来的水位记号为止。之后，再称船上的石块，石块的重量就是大象的重量。曹冲的思维能力很强，上述几个特点都表现出来了。

三是全面性。思维能力强的人，看问题不片面，能从不同角度整体地看待事物。

四是逻辑性。思维能力强的人，想问题严密而科学，不穿凿附会，不支离破碎，得出的结论有充足的理由、证据，前因后果思路清晰。

五是创造性。思维能力强的人，对问题能提出创造性见解，别人没想到的，他能够想到。

关于思维，有一门新兴的科学——思维科学，是我国著名科学家钱学森首先提出来的。这方面的书籍出了很多，笔者在这里很难全面介绍，有条件的家长可以找这方面的书籍读一读。

提高孩子的思维能力，家长是能够有所作为的。

1. 培养孩子独立思考的习惯

年龄小的孩子遇到疑难问题，总希望家长给他答案。有些家长就直接把答案告诉孩子，当时解决了问题，但从长远来说，对发展孩子智力没有好处。因为家长经常这样做，孩子就会依赖家长的答案而不会自己去寻找答案，就不可能养成独立思考的习惯。

高明的家长面对孩子的问题时，会告诉孩子寻找答案的方法。也就是启发孩子，一个问题应该怎样去想、去分析，怎样运用自己学过的知识和经验，怎样看书，怎样查阅参考资料等。当孩子自己得出答案时，他会充满成就感，他的思维能力就会提高而且会产生新的动力。

2．让孩子经常处在问题情景之中

问题是思维的引子，经常面对问题，大脑就会活跃积极。当孩子爱提各种各样问题的时候，家长要跟孩子一起讨论、解释这些问题，家长的积极主动对孩子的影响很大。特别是在解决家长也弄不懂的问题时，孩子通过请教他人、查阅资料、反复思考获得圆满答案，这个过程最能提高孩子的思维能力。孩子长大以后有的不爱向家长提问题了，家长应该主动提出一些问题进行讨论，包括家庭遇到的一些疑难问题。有时家长应放下架子，向孩子请教一些自己不懂的问题。这些做法，对发展孩子的思维有好处。

3．跟孩子一起收集动脑筋的故事和资料

动脑筋的故事和资料很多，有的是真人真事，有的是寓言故事，有的是科普读物。家长、孩子共同收集，并将其整理好放在书柜的一角。空闲时间，大家可以翻阅这些资料，互相讨论感兴趣的问题。

4．搞家庭智力竞赛

利用节假日进行，家长和孩子轮流做主持人，谁主持谁准备竞赛题目，设立小奖品或其他奖励措施。为了增强氛围，可以请亲友或其他小伙伴参加。准备过程和竞赛过程都是训练脑力的过程。

5．讨论、设计解决实际问题的思路，参与解决问题的过程

家长应引导孩子并与孩子一起共同讨论、设计解决问题的方案，并付诸实施。这个过程中，需要分析、归纳，需要推理，需要设想解决的方法与程序，这对于提高孩子的思维能力和解决实际问题的能力大有好处。

总之，为了提高孩子的思维能力，家长应该经常创造动脑筋

的氛围，鼓励孩子多想、多问、多实践。为了提高孩子的思维能力，既要重视学习过程，也要在功课以外想些办法。

（二）给孩子的头脑插上翅膀

大家都听说过想象这个概念，但是它究竟有什么含义？在人的智力活动中有什么重要作用？能不能提高想象力？人们对这些问题不一定有很深的了解。

为了弄清什么叫想象，先介绍一个概念：表象。表象是外界事物在人的头脑中留下的影像，它们是很具体、很形象的。想象是在外界现实刺激的影响下，在头脑中对记忆的表象进行加工改造，从而形成和创造新形象的心理过程。比如说，我们读古诗《敕勒歌》："敕勒川，阴山下。天似穹庐，笼盖四野。天苍苍，野茫茫，风吹草低见牛羊。"在我们的脑海里就会出现一幅非常壮美的图画，而且每个人脑海里的图画都各不相同，这就是每个人想象的结果。每个人在想象的时候，都借助于原来脑子里的表象进行加工和创造。

在人的智力活动中，想象占有十分重要的地位。教育家K.D.乌申斯基说："强烈的活跃的想象是伟大智慧不可缺少的属性。"著名物理学家爱因斯坦创立"相对论"，就是采取所谓"思想实验法"在充分发挥想象力的基础上，经过严格的逻辑思维和严密的数学推导而成的。因此，有一位物理学家赞叹爱因斯坦的成就时说："作为一个发明家，他的力量和名声，在很大程度上应归功于想象力给他的激励。"而爱因斯坦自己则说："想象力比知识更重要，因为知识是有限的，而想象力概括着世界的一切，推动着进步，并且是知识进化的源泉。"中小学生在学习各门课程时都要借助想象力。没有想象力，很难理解教材中的图形、图画，也很难知道教材中描述的具体事物的具体样子，写作文也不会有形象生动的描写。想象力还直接关系着一个孩子创造力的发展。现实生活中的许多发明创造，都是从想象开始的。

想象包括有意想象和无意想象。无意想象没有自觉目的，信马由缰，不需要付出努力，对智力发展意义不大。有意想象是有自觉目的，需要做出一定努力的想象，是人的智力活动的一部分。

提高孩子的想象力，可以从以下几方面努力。

1．指导孩子丰富头脑中表象的储存

因为表象是想象的基础材料，所以谁头脑中的表象积累得多，谁就有更多的进行想象的资源。在日常生活中，要启发孩子多观察、多记忆形象具体的东西。去博物馆参观、到郊区游览、参加各种公益活动、走亲访友等，都可以记住许许多多的表象。为了记得多、记得准、记得牢，可以请孩子用语言描述，或者家长与孩子相互描述，还可以通过写日记，把头脑中的表象再现出来。

文学作品、电影、电视中形象化的东西特别多，让孩子有意识地留心各种各样的人物形象和景物形象，有利于增加表象的积累。

2．指导孩子扩大语言文字的积累

想象以形象形式为主，但离不开语言材料，特别是需要用口头语言或书面语言将想象的内容表述出来时，语言材料起重要作用。因此，要让孩子扩大语言文字积累。比如，背诵的课文要记牢，要有一个文学名句、名段摘记本，随时把阅读中遇到的名句、名段摘抄下来，而且利用休闲时间翻阅。这样在想象时可以拓宽想象的天地，增加想象的细密程度和丰富程度，从而促进想象力的发展。

3．支持孩子参加课外兴趣小组活动

课外兴趣小组活动是驰骋想象的广阔天地，不论是音乐、舞蹈、美术、体育、书法，还是天文、地理、生物、化学、航模、舰模、电脑，每一种兴趣小组活动都有大量的形象化的事物进入脑海，而且需要进行创造性想象才能完成活动任务，这对于提高孩子的想象力十分有益。当孩子们的兴趣小组成果得到展示或者获得了表彰奖励时，他们的积极性会更高，想象力会突飞猛进地发展。

4．鼓励孩子编故事，讲故事

孩子在小时候喜欢编故事，讲故事，有时讲给小朋友听，有时讲给爸爸妈妈听，有时还自言自语。家长应该看到这既是锻炼表达能力的好机会，也是发展想象力的好机会，要积极鼓励孩子，不要冷言冷语，更不能随便阻止。家长可以引导孩子按照某个主题去编去讲，适时地给以赞扬，指出不足。好的故事，让孩子用笔记录下来，不断修改。天长日久，孩子的想象能力会越来越强。

总之，为了发展孩子的智力，必须重视想象力的培养，当孩子的头脑插上想象的翅膀时，他会飞翔得更高更远。

## 五、帮助孩子克服磨蹭、马虎的坏习惯

磨蹭、马虎是孩子在学习中常见的毛病，两种现象的产生都有一个过程，不是突然出现的。教育者教育方法不当是其形成的重要因素。磨蹭与马虎表现不同，具体原因和矫治方法也不尽相同，下面我们分别加以探讨。

（一）磨蹭

孩子学习磨蹭有几种情况：一种是学习兴趣不高，硬着头皮应付，疲沓无奈，能拖就拖，缺乏自信，不负责任；第二种是“慢性子”，行动迟缓，慢条斯理，紧张不起来，任你着急催促，依然故我；第三种是缺乏时间观念、效率观念，不知道时间对人生的重要意义。因此，矫治磨蹭要区分不同情况，对症下药。第一种情况要在激发孩子学习兴趣、增强自信、增强责任心上下功夫，

班主任可参考本书中有关培养兴趣等专题帮助家长制订相应的方案；第二、三种情况要在专时专用、提高学习效率上努力。以下是我们提供的参考方法。

1. 联系生活学习实际，跟孩子讨论磨蹭的害处，让孩子知道“时间就是生命，时间就是财富”的道理。在充满竞争的社会中，磨磨蹭蹭不讲效率的人就会被淘汰，就会生活艰难。

2. 加强专时专用、提高效率的训练。帮助孩子自己确定每次学习的时间、任务、目标要求，到时完成，评价结果，每次学习都把三者结合起来。要根据孩子的年龄特点和个性特点对三者的要求有所区别。要让孩子尝到提高效率、增加玩乐时间的甜头。

3. 增加计时性活动。孩子磨蹭不光表现在学习中，也反映在生活的各个方面，如穿衣、吃饭、收拾书包文具、洗衣物等。因此，克服磨蹭毛病需从不同方面入手。从孩子实际表现出发，增加计时性活动是可行的方法。做某件事情需要多长时间，事先设定，然后以最快速度保质保量地进行。事后家长与孩子一起评价，调整要求，争取下一次做得更好。对于低龄的孩子，如果家长跟孩子一起进行计时阅读、计时记忆、计时答题、计时劳动的小竞赛，会有更好的效果。

4. 让自己的孩子跟讲效率的孩子一起学习、游戏，发挥孩子之间的影响作用。可以事先与讲效率孩子的家长联系，请家长给孩子提出更高的要求，在学习和游戏的过程中带动磨蹭的孩子。

（二）马虎

孩子马虎毛病的形成，有三个基本原因：一是年幼时的马虎现象没有得到及时纠正，形成思维定势；二是责任心不强，应付的成分太多，缺乏真正的责任意识；三是功课太多，作业太多，不快做做不完，于是忙忙叨叨，丢三落四，错误迭出。

矫治马虎，可以采取以下方法：

1. 以生活实例，让孩子认识速度、质量与效益之间的关系，认识马虎可能带来的恶果。如果有的亲友从事精密、细致的工作，不妨带孩子去看看他们工作的情况，亲友的现身说法会给孩子的思想以较大影响。在科技事业中，也有大量的实证材料。

2. 指导孩子养成自觉检查学习效果的习惯。有些孩子马虎导致的作业错误，常常由爸爸妈妈或其他长辈给检查出来，一一指正。这种方法对克服马虎的毛病不但没有好处，还可能导致孩子的依赖心理而更加马虎，正确的做法是指导孩子自己检查、验证学习效果。家长的检查应在孩子检查之后，而且不要具体指出错误而是出错范围，让孩子自己查证，特别要培养一次做对的习惯。

3. 指导孩子自己制订惩罚马虎的措施。比如，由于马虎作业或考试出了错，取消某项外出游玩的计划，取消一次看电视或电影的娱乐活动，也可以罚自己背诵两段有关讲认真、不马虎的格言、名言、谚语，或者学讲一个有关的故事。

4. 进行“细活儿”训练。学习、生活中有许多“细活儿”，不认真绝对做不好。马虎的孩子，通过干“细活儿”可以克服粗心的毛病，如写正楷字，画工笔画，缝衣服扣子，淘米，挑沙子，择洗蔬菜，计算水电费，动脑筋游戏，等等。让孩子有目的地去选这类事情干，经常训练，孩子就会越来越细心。

不论是克服磨蹭的毛病，还是克服马虎的毛病，增强责任意识都是首位的。一个不负责任的孩子是克服不了磨蹭马虎的毛病的。

## 第五节　指导家长培养孩子的创新精神

当代社会，人的创新精神必须从小有意识地、科学地进行培养，这是学校教育和家庭教育的共同任务。儿童、少年时期是全面打好素质基础的阶段。创新精神是渗透在德、智、体、美、劳诸多方面基础素质中的重要因素，创新精神的培养在儿童少年时期就是创新素质的培养。家庭对于孩子创新素质的培养教育有非常重要的作用，首要的就是家长的指导观念问题，同时也有指导艺术的问题。

创新精神（创新素质）主要包含两方面内容：一是创新意识，二是创新能力。二者相辅相成，互相促进。没有创新意识的人就没有创新的欲望和勇气，只能墨守成规，而只想创新却不会行动的人，同样只会带着愿望走老路。有的人什么事都停留在“心中想”的阶段，就是缺乏行动，他们的创新意识也只是低层次、不务实的。

创新意识包括创新的动机、创新的兴趣以及关于创新的价值判断。这里的价值判断是指对于创新意义、价值的认识。

创新能力包含内在的能力和外显的能力，内在的能力指创新思维，是人的智力在创新方向上反映出的素质；外显的能力是指创新的技能，也就是进行创新设计，掌握创新方法，实施创新操作等能做出创新产品的具体能力。

人的创新精神由低层次向高层次逐渐发展，每个人都具备创新的潜能，科学的培养和训练是发展创新素质的必要条件。孩子世界的创新与成人世界的创新是不同的，孩子的许多创新可能在成人世界里是现成的东西，甚至是旧的东西。因而，成年人对于孩子的创新评价就有一个重要的基础标准，即孩子的身心发展实际。完全以成人的标准评判孩子的智能“产品”必定违背规律，而且会导致不良的结果。事实上，有的孩子的一些智能“产品”也可能是许多成年人做不出来的。成年人之间也存在差异，可能是极大的差异。然而就绝大多数家长来讲，都有能力培养发展孩子的创新素质。

下面，就家长在培养孩子创新素质过程中的指导观念和指导艺术做些说明。

## 一、培养孩子的创新意识

（一）要认识到孩子的好奇心、兴趣是发展创新素质的重要心理因素，家长应保护和鼓励

1. 正确对待孩子的提问

不同年龄段的孩子都会出于兴趣和好奇心，向家长提出各种问题。不管问题多么幼稚，或多么难以回答，家长都应认真倾听，必须避免不屑回答、轻视、厌烦的态度。聪明的家长听完提问之后会说：“这个问题提得好。”“这个问题的答案我想是这样的……”“这个问题把我都难住了，让我好好想一想。”“我们讨论一下好吗？”“咱们一起看看书。”“你的问题也是我的问题，如果你能想办法弄清楚再告诉我就好了。”有的家长会有以下不当的说法：“你哪儿那么多‘为什么呀’？”“你别烦我好不好。”“我不知道，问你们老师去。”“你别瞎想、胡想，好好念你的书去。”“这都不知道，书都白念了。”不同的态度、做法会在孩子心理上产生不同的效果。

2. 支持并指导孩子进行没有危害性的创新尝试

孩子在学习、游戏、生活中往往会产生一些创新的想法并进行尝试，家长应认真思考，做出判断，如果对孩子的身心没有危害性因素，应该给以支持并进行指导。

3. 引导、发展孩子的想象力

创新往往从想象，特别是创造性想象开始。每个孩子都有想象的天赋，童话中的神奇想象对孩子最具吸引力。许多孩子小时候常常用画、用语言、用制作表达自己的想象，家长要学会欣赏、正确评价孩子的想象。有一个小女孩从小想象丰富，家长给以鼓励，结果，她 11 岁就出版了诗集。

有的家长总批评孩子“异想天开”“胡思乱想”是不妥的，应该思考孩子为什么有这样的想象，要想办法鼓励、指导，使其想象力更完美、更丰富。

（二）家长与孩子共同关注具有创新意义的人和事物

这对培养孩子的创新意识十分有好处，应成为家庭生活中经常性的关注内容。

1. 自觉地关心、学习具有创新精神人物的事迹

在自然科学、社会科学和社会生活工作中，经常出现具有创新精神的人物。家长对孩子的“创新”话语和行为不能漠然视之，应该有关注的热情，该听的要听，该看的要看，该说的要说。家长应肯定、支持孩子的关注行为。

孩子脑子里创新人物事迹多了，对他树立人生追求目标，产生创新欲望大有好处。

2. 支持孩子参观科技展览和各种新成就展览会

这些展览可以满足孩子的好奇心，激发孩子的求知兴趣。有的孩子在展览馆流连忘返，有的孩子走马观花。对走马观花的孩子尤其要加以引导，选择适合孩子水平的内容多问几个为什么，引起孩子的思考并尽力寻找答案，在“知其然”又“知其所以然”中产生兴趣，激发创新的欲望。

3．关注少年儿童中具有创新精神的典型

这样的典型每年都出现不少，媒体中常有报道，也有相关的书籍，如《十颗小智星》《小发明火花》《小发明故事》等。有时，有的典型并不是在学习上门门功课都好。有一个孩子学习不理想，他做了一个解剖青蛙的实验，把青蛙的心脏拿出来观察，然后写了一篇题为《青蛙的心脏离开身体还能跳动吗》的小论文，受到科学家的好评。如果总批评这个孩子学习不好，让他少干与学习无关的事儿，这个孩子的发展会如大人之愿吗？当然，全面发展又有创新精神的典型更是孩子的学习榜样。家长在心目中要缩小自己孩子与典型之间的距离，不要认为孩子不行，也不要说“你比人家差远了”“你不行，别好高骛远”。

## 二、培养孩子的创新思维

### （一）指导孩子丰富信息储备

信息是创新思维的基础材料，头脑中信息量的大小关系到孩子的创新思维的质量和水平。科学、技术专家们最怕信息不灵，该掌握的信息没有掌握。创新与对领先信息的占有率关系十分密切。学生所学的知识是基础信息，学好后会帮助学生吸收新的信息。

1. 鼓励孩子有目的有计划地利用大众传媒不断扩大知识视野，广泛吸收新信息

知识之间是互相联系的，家长不必担心孩子课外知识多了会影响课内知识的学习，关键在于是否能有目的、有计划地充实孩子的头脑。孩子吸收信息的方式有两类，一类是无意识吸收，一类是有意识吸收。无意识吸收是随机的，遇到、听到、看到什么就吸收了，而有意识吸收则是有目的、有计划的。孩子很小，无意识吸收的多，有意识吸收的少，所以要靠家长多安排、引导。随着年龄的增长，要培养孩子有意识吸收信息的习惯。

2．鼓励孩子尽可能多、尽可能准确地记忆知识信息

近些年有一种观点，认为凡能在读物、工具书、电脑网络中查到的知识信息都不用记忆。这种观点有片面性，因为头脑的信息只有储存足够的量，人的思维才是有源之水、有本之木。知识信息储存量多、全面而且有逻辑，是高水平思维的基础，也是创造性思维的基础，这一点家长和孩子都应明白。思维是信息的加工过程，信息贫乏，加工什么？

3．指导孩子养成通过文字积累资料的习惯

一方面要用脑记，另一方面要用笔记，二者结合。用文字积累资料的方式方法很多，如读书眉批、读书笔记、剪贴、卡片、日记等，可以教给孩子这些方法，并告诉他们要定期（寒暑假、双休日）整理积累的资料。

4．通过信息网有目的地访问专题资料网站，获取更多更新的信息

在孩子小学中年级以后，有条件的家庭、学校可以教孩子有目的地通过互联网阅读、收集信息，这是一个更大的宝库。对于孩子感兴趣的重要资料，应下载并不断分类整理。

以上是积累信息的主要方法，前面论述的参观展览、学习典型也是积累信息的好途径，而吸收、筛选、整理、记忆是掌握有效信息的几个基本步骤。

（二）引导孩子增加信息碰撞（集中加工）的频率，增加信息加工的广度和深度

创造性思维的火花是在信息碰撞中产生的，没有信息碰撞，头脑里有再多的信息也用处不大。中国过去有“两脚书橱”的说法，是指有的人读书很多，博闻强记，但食古不化，只能重复，不能创新。其重要原因就是没有信息碰撞、集中加工的过程，因此没有创意。

增加信息碰撞的频率，增加信息加工的广度和深度，有两种方法值得重视。

1. 经常提出需要解决的实际问题，鼓励孩子思考设计解决问题的方法和措施

在孩子的生活、学习中，必然会有许多问题出现。家长和老师有意识的培养，可使孩子形成提出问题、解决问题的好习惯。随着孩子自我意识的发展，要使孩子认识到，人生来就是不断遇到问题、发现问题、解决问题的，这是一种人生责任，是人生进步和社会发展的必经之路。对于孩子发现的有创见性的问题和有创见的方法，家长应给以及时的肯定和鼓励。

特别提醒那些为孩子“包打天下”、经常替孩子去解决问题的家长，必须转变观念，不可剥夺孩子发展自己能力的机会。解放孩子，首先解放孩子的头脑。

2. 指导孩子记录自己的创造性思维火花

小学中年级孩子已经有用文字记录的能力，家长要指导孩子用文字或图画、图形把自己异想天开的想法记录下来。它们可能是一个新奇故事，也可能是其他虚构的东西，孩子可以通过日记、周记、卡片或其他办法把它们记录下来。每次记录时可多可少，关键是坚持。

孩子主动给家长看，家长要认真看，并给以肯定、指导性评价；孩子不给家长看，不必勉强，要征得孩子的同意，尤其是年龄大些的孩子，更要得到孩子的允许。

（三）培养孩子求异思维的习惯

求异思维是相对于求同思维而言的，发展求同、求异思维都是必需的。但我们的学校教育、家庭教育中在培养求同思维方面花的力气大，有时甚至带有强制性，这不利于孩子的创新素质的

发展。培养孩子求异思维有两个界限必须划清楚：

其一，该做的事情不做不是求异思维，而是懒惰和片面兴趣的反映。在基础教育阶段，有的孩子严重偏科，或者不顾学习科学文化知识的基本要求、基本步骤、基本训练，任性胡为，家长不能鼓励这些行为，应该帮助孩子全面发展、科学发展。

其二，面对正确教育的反抗行为、逃避行为不是求异思维，而是品行不良、个性偏差的反映，不能鼓励。

我们说的求异思维是指面对生活中、学习中的实际问题，提出与常规不同的或不完全相同的解决措施和方法，目标是解决问题。至于能否真的解决，要经过实际检验。有些求异思维的内容一时不能检验，应该保留，不能轻易否定。

## 三、培养孩子的创新能力

创新不能停留在思维阶段，要转化为行为和操作过程，要成为某种物化的产品，这就需要技能，包括形成方案、选择方法以及操作技能、技巧等多种能力。家长应在孩子小时候就培养其多种基础能力。

### （一）重视培养孩子的动手能力

《家庭教育报》刊登过一篇文章，讲到一位家长在孩子小时候不给孩子买玩具，而是给孩子买工具，指导孩子做玩具，这是一个很好的典型。家长不妨想一想，这位家长的指导观念和做法的重要意义。即使买玩具，也要有一个买什么样的玩具能促进孩子的思维、培养孩子动手能力的问题。上了小学、中学的孩子动手的机会是很多的，家长要想一想，除了拿笔学习之外，孩子还可以拿什么、干什么，这是必须落实的事情。能力从实践中来，学习以外的许多实践对发展孩子的能力非常有好处。

可以让年龄大些的孩子去解决一些家庭生活中的具体问题。

有人说："孩子进一步，家长退一步。"还可以加一句"家长退一步，孩子进一步"。

2．支持孩子参加课外兴趣小组的活动

班级、学校、少年宫、科技馆都组织各种各样的课外兴趣小组，家长应该支持孩子参加一个或两个，不能贪多。参加之前，要与孩子讨论，是否感兴趣，是否能坚持，然后下决心。参加之后，要了解情况，而且应该与辅导员建立联系。在参加课外兴趣小组方面，有的孩子很盲目，有的家长也很盲目，不宜东试试、西试试，可有可无。虽是课外，却需认真、严肃对待，因为那也是重要的教育过程。

3．为孩子提供必要条件

孩子在课余时间，或者结合兴趣小组活动，或者出于正当兴趣在家里做一些小实验，搞小制作、小发明，家长应该给孩子提供必要的条件。需要花钱时，不能攀比，能废物利用或用代用品更好。

综上所述，创新意识、创新思维、创新技能是一个整体，为了便于理解我们可以从不同层次分析，提出建议，其实它们是紧密联系在一起的，家长还是要从实际出发，从整体上去考虑。还有一个重要问题需要说明，这就是集体创造的问题，不管是古代还是现代，不管是中国还是外国，许许多多创造性"产品"都是集体智慧的结晶。因此，我们在培养孩子创造精神的过程中，应该重视"群体意识""合作能力"的培养。

## 第六节 科学指导家庭教育

### 一、家教工作

家庭教育是教育的一种基本形态，是教育工作的重要组成部分，是儿童、青少年接受教育和影响的重要途径之一。家庭教育作为一种独立的教育形态，对儿童、青少年的身心发展起着特殊重要的作用，是学校教育和社会教育所不可能代替的，因此班主任科学地指导家庭教育显得很重要。班主任把指导家教工作提到政治教育、思想教育和道德教育的高度，提到逐步扭转社会风气、提高全民族的素质的高度，有计划地解决家教工作中带普遍性的问题，会使学生思想认识、行为习惯、道德素质发生可喜的变化，班主任工作会取得明显效果。

（一）如何指导家教

组织学习家教理论，更新家教观念。某班有 34 名学生，家长平均生育年龄是 25.8 岁。据抽样调查表明：根据自己的想当然处理问题的家长占 54%；辅以记忆中自己幼年受到的家庭教育经历处理问题的家长占 27%；借鉴于自己耳目所及的亲友邻里的做法处理问题的占 6.6%；因父母不在身边，而无专人教育的占 13.4%。通过问卷形式了解到家长在家教方面存在的认识问题有“树大自然直”“重智育轻德育”“有无家教无关紧要”等。根据分析，可看出家庭教育面临一些亟待解决的问题，首先应让家长认识到家庭工作的重要性，其次是一些陈旧的观念需要更新，很多家长需要加强家庭教育的理论学习。

首先，班主任应利用家长学校开办讲座的机会，积极组织家长学习家教理论。讲座前提前和家长联系，把讲座日期、内容、要解决的问题都用书面通知告知家长，让家长带着问题学习，要尽量找机会给缺席的家长补课。讲座后通过讨论、问卷、家访收集讲座未能解决的问题，经座谈和家长委员会定期活动给予解决。明确孩子是祖国的未来和希望，家长虽然有养育子女的责任和义务，但是绝不能把孩子看成自己的“私有财产”去“规定”孩子的成长，家教的目的同样是为社会培养人才。使孩子在德、智、体、美、劳诸方面都得到发展，这是社会主义的教育目的，也是进行家教所必须遵循的准则。认识到学校和家庭都是教育者，只有两者志同道合，在实施教育时抱着同一信念，坚持同一原则，提出同一要求，采取一致行动，才能实现儿童的全面发展。

其次，班主任应深入学生家庭，教给家长教育方法。

**【案例】**

王超过去是纪律、品行都较差的学生，他父亲脾气暴躁，经常打骂他，结果他不但老毛病未改，而且又增添了说谎、爱占小便宜的新问题。我去家访，王超的父亲很苦恼，束手无策地说：“您说我管得还不严吗？打脸，手印几天下不去；打屁股，打折了棒子，他算是好不了了。”我笑着问：“王超的优点是什么？”他父亲思索了一会儿，摇摇头。我向他介绍了王超在老师生病期间纪律已经有明显进步和他向老师嘘寒问暖的情况，他父亲居然不敢相信。当我问王超做这些事的动机时，他说：“老师比爸爸妈妈对我好，我不忍在老师生病时再闹，让他着急。”多么难能可贵的同情心啊，他渴望别人的爱，他也懂得如何去爱别人。我和王超的家长讨论了如何保护孩子的积极性，不断激发他的上进心使他进步的问题。之后，我和他父亲通过电话、联系簿互通情况。对王超好的地方及时给予表扬，对出现的问题进行恰如其分的批评。此外，我还手把手地教给他学习的方法，帮他安排课外活动，与他交流交朋友的诀窍。后来，他上课爱听讲、会听讲了，课后能和同学友好相处，再也不因为怕挨打说谎了。他需要什么，家长都适当地满足，他也不再总想占同学的便宜。

栗洁同学是校内各项活动的骨干，受表扬多，听批评少，逐渐滋生了骄傲情绪，慢慢地出现学习不踏实、工作不扎实的现象。为此，我和家长制订了周密的教育计划：要求他在家自习不走动，不做与学习无关的事，有意克服小动作；要求他生活作风严谨，东西摆放有序，从什么地方拿，用完一定放回原处，每天晚上睡觉前对衣物用具做认真检查。在家长的检查督促下，他在两三个月内就养成了踏实有序的好习惯。

最后，班主任要及时总结经验教训，提高家教指导工作的自觉性。

**【案例】**

丁明泽在临毕业时有了偷窃行为，我及时进行家访了解情况。家长听到反映后思想顾虑重重，认为孩子从小留下个偷东西的名声，长大不好做人，如果挨了处分连毕业也困难了。我虽然清楚地意识到问题虽出在孩子身上，根源在家教的指导思想上，但由于忙着准备毕业，只是让家长如数退还钱款，来不及认真地做一些细致的工作。这个孩子上了中学继续偷，而且越偷胆子越大。听到这个消息我追悔莫及，这是个沉痛的教训，我经常用这个教训告诫有“树大自然直”想法的家长，和他们一起学习高尔基的名言：“爱孩子，这是母鸡也会的事儿，要善于教育他们，这就是国家的一桩大事了。”

多年的指导家教的实践，使我和家长同时悟出了这样一个道理：品德只有靠品德去培养，性格只有靠性格去陶冶，情感只有靠情感去感染，行为只有靠行为去引导。

（二）指导家教工作的几种基本形式

1. 家访

家访目的要明确，谈什么问题、学什么理论、介绍哪些好的经验或借鉴哪些失误的教训、老师的建议是什么，事先要有准备，事后要检验效果。

2. 座谈

题目要小，具有普遍性、针对性，参加座谈的人员要有选择，座谈可按家长文化水平或居住地区区分开，座谈的内容分为交流经验、研讨问题、调查情况、征集意见等。

3. 写信

通过书信，用文字沟通家教中的重大问题。

4. 问卷

通报家教工作的动态，让家长对号入座，比较鉴别优劣。

5. 请家长到校谈话

出现亟待解决的问题时，要请家长到校谈话，目的是引起家长的高度重视，但不要影响家长上班。

6. 家长委员会定期活动

活动安排经过大家讨论，活动时间要有保证，活动内容要有充分准备。

## 二、让便条成为家校联系的载体

**【案例】**

一天，李老师看到这样一篇日记："今天是八月十五，是家人团聚的日子。去年的中秋，我们一家人坐在阳台上，吃着月饼，欣赏着明月，有说有笑，那是多么幸福的日子；然而今天，爸爸妈妈各自紧绷着脸，谁也不理谁，我也不开口。最近，因爸爸经常外出跳舞，父母常常半夜吵架。我整天提心吊胆，怕他们离婚，怕自己失去爸爸或妈妈，我真不敢往下想了，我该怎么办？"读了这位同学的日记，李老师既同情又着急，再这样下去，这位同学将怎样呢？

李老师想到了家访，可怎么开口呢？一来这是学生的私事，二来学生的父母也不一定会承认，说不定还会责怪女儿。叫学生父母来校，或电话联系则更不妥。这时，李老师想到了写便条。于是李老师给学生父母各写了一张便条，并附上了其女儿的日记。李老师在便条中首先谈了读日记的内心感受及孩子变化，接着谈了他们这样做的危害，恳请他们为了孩子要慎重考虑，最后要求他们好好看一看女儿的日记。

父母看到老师这么关心他们的女儿，看到深爱的女儿内心这么痛苦，他们的心震动了，母亲当即泪流满面，父亲也惊呆了。从此，父亲不再出去跳舞，母亲也不再和父亲吵架，他们的家又充满了温馨，孩子变得更活泼可爱了。便条立下了不小的功劳。

写便条除了实用、易行外，还有很多好处。首先写起来方便，联系起来也方便，写好后只需让学生带回家即可；其次，有实效性，有些问题能趁热打铁，及时解决；最后，家长也很欢迎这种方式，作为家长，肯定想多了解一些孩子的在校情况，但往往没时间来校，而写便条可以很好地解决这一问题。

怎样写好便条呢？要注意以下几点。

1．勤写

写便条既然方便易行又受欢迎，那就要勤写，充分发挥它的作用，多多争取家长的配合，促进学生健康成长。当学生在学习上取得进步、在某方面取得可喜成绩时，你可写张便条向其家长报喜，并表示祝贺。当学生思想上出现什么问题，或学习成绩退步时，你可写张便条与其家长共同商讨帮助解决的办法。当学生有什么苦恼时，你可写张便条告知其家长，努力争取配合，从而给学生更多的爱、更多的温暖。可写的内容很多很多，关键就在于要勤写。

2．鼓励为主

家长希望听到的是孩子的进步、成功，好多时候往往事与愿违，家长为此伤心，甚至失去信心。这就要求我们在写便条时要注意以鼓励为主，千万别把便条写成“告状条”。学生每取得点进步要及时告诉其家长，要求其家长继续配合。即使是告诉家长孩子的过错或不足，也要先谈一些孩子的闪光点，哪怕是孩子取得的一点点的进步，这样家长才不会失去信心，才会努力配合，也只有这样，孩子才会高兴地把便条带回家交给家长。

3．注意表达技巧

心理学告诉我们，人无论做什么事，都与当时的情绪有关，因此，写便条要注意表达的技巧。首先，在称呼上要尊敬家长，使家长一下子就进入一个十分和谐的气氛中。其次，在表达的语气上要时时表现出你的真诚，使家长从字里行间感觉你是喜欢他的孩子的，你是真心为他孩子好。如当孩子取得进步或获得成功时，你可写上这些话："告诉您一个好消息，在您的配合努力下，您孩子获得了好成绩！""感谢您以往对我工作的支持，您孩子的进步有您的汗水。"家长接到便条，看到这样的话情绪自然好，因为他既看到了家庭教育的重要性，又看到了自己的成功，当然会尽力与你合作。又如，当孩子犯错误或学习退步时，你可写上这些话："真对不起，由于我工作没做好，所以您孩子犯了错误。其实，孩子是积极要求上进的，只要我们共同配合，加强教育，他一定会改好的。""真没想到，您孩子这次考试退步了，这也许是因为我平时对他关心不够的缘故。今后我一定多多关照，望您密切配合。相信经过共同努力，他一定会进步的。"家长收到这样的便条，虽然心里较难过，但情绪还是可以控制的，此时他们考虑得更多的不是如何将孩子痛打一顿，而是如何帮助孩子。

4. 字迹要工整

便条虽然不是正式书信，但也要注意字迹工整。一是体现了班主任的态度认真，二是从某种程度上也体现了一个班主任的水平，三是家长阅读起来清楚、方便。只有这样，才会使便条沟通取得最佳效果。

## 三、用"请家长"惩罚学生的做法不可取

当学生不好好学习、不守纪律，特别是与班主任"顶牛"不接受教育时，有个别班主任便恼怒起来，于是写条子、打电话或让班干部去"请家长"，有的甚至把学生轰回家，声色俱厉地说道："家长不到，你就别上课！"以此对学生进行惩罚。采取这种做法，果真能解决问题并收到好的教育效果吗？

在教育学生的问题上，班主任与家长联系相互沟通情况，真诚地交换意见，取得家长的积极配合，统一步调，共同教育好孩子，是完全必要的。但是，如果用"请家长"来威吓学生，向家

长告状，借助家长来压服学生，或者为了“泄气”“解恨”，对学生进行惩罚，对家长施加压力，那就完全错了。这样做不但收不到好的效果，反而会产生许多消极影响。在“请家长”的压力下，学生表面上可能会暂时“承认错误”“俯首帖耳”，但在他的内心深处却不一定服气，往往还会形成对班主任轻视、反感、怨恨和对立的心理定势，其后果只能是激化师生的矛盾。再者，随意“请家长”也极容易伤害学生和家长的感情。有的班主任一开口便是“你的孩子真够呛，是害群之马，简直没治了”，“再不好好管教管教，哪个老师也不愿意教他了”，等等。诸如此类的言语，不负责任的评价和随意指责，会使家长对子女丧失信心，甚至使家长迁怒于学生，以粗暴的态度和简单的方式代替耐心的说服教育，无形中便给学校教育与家庭教育之间制造了鸿沟，也给班主任今后对学生实施教育设下更大的障碍，最终会招致教育工作的挫折和失败。

L.V. 赞科夫说：“班主任这门职业要求于一个人的东西很多，其中一条就要求自制。”善于控制、支配自己的情感，抑制无益的情绪，是班主任最基本的职业修养。班主任的工作对象是具有复杂心理活动的学生，如果缺乏对学生的热爱，缺少应有的教育智慧，就不能正确地解决问题和有效地影响学生。那种怒气冲冲，动辄就用“请家长”来惩罚学生的不良情绪和不当做法，会给学生心灵蒙上阴影，使他们感到既无班主任的谅解，又无家长的同情，从而产生一种精神压抑感。心理学的研究表明，当学生感到压抑、自尊心被挫伤时，情绪会出现惶恐、忧郁、怨恨，行为则表现出机械、呆板和混乱，以至茫然不知所措。在这种精神状态下，岂能激励他们发愤学习，促使他们改正过失？恰恰相反，只会摧毁他们的学习情绪，影响他们的心理健康。正如罗素所说，凡是班主任缺乏爱的地方，学生无论品格还是智慧都得不到充分或自由的发展。因此，有经验的班主任总是善于控制自己的情感和行为，能够抑制无益的激情和冲动，即使当学生“顶牛”、严重冒犯自己的尊严时，也决不采取伤害学生心灵、有损教育效果的态度和行为，而是把教育的意图隐蔽在友好的无拘束的气氛之中，把教育的要求巧妙地转化为学生自身的需要。他们热爱学生，善于因势利导，对症下药，长善救失，调动学生心理的积极因素，消除消极因素；他们尊重家长，亲密合作，善于帮助家长提高教育素养，使对子女失望的家长树立起信心。只有这样，迷信棍棒的家长才能懂得说服教育的重要，过分溺爱子女的家长才能严格要求学生，缺乏教育方法的家长才能学会教育子女的艺术，班主任和家长教育学生的两股力量才能紧密地结合起来。

班主任的心理品质不仅表现为一种教育才能，直接影响着教育工作的成败，而且作为一种巨大的教育力量潜移默化地影响着学生的人格。因此，作为班主任一定要加强教育修养，端正教育思想，讲究教育方法，克服用“请家长”惩罚学生之类的不当做法。

# 第五章

## 家校沟通的艺术

## 第一节　做好学校与家长沟通的桥梁

### 一、教育不仅仅是学校的事

越来越多的家长认识到了家庭教育的重要性。

如果没有幸福和谐的家庭生活和完整的家庭教育，任何人都不可能拥有真正意义上的快乐人生与美好生活。

父母是孩子的老师，那么，家长应该给孩子开辟一条什么样的人生之路呢？让自己的孩子带着什么样的精神状态走向漫漫人生呢？这一切都关系着孩子未来的能力和在社会中存在的状态。在社会不断变革及快速发展的今天，家长要学习更多育儿知识，学习更多符合社会需求的教育理念和方法，对孩子的行为和习惯及时做出积极正确的教育和引导，建立和谐美满的家庭环境，并与孩子建立良好的亲子关系，这是做好家庭教育的基础。

### 二、家校应互相沟通，形成合力

家庭和学校、家长和班主任原本是一个团队里的“战友”，拥有共同的奋斗目标，本应步调一致地去培养祖国未来的栋梁。但现实中，家庭教育和学校教育时有冲突。

笔者经常听到家长“埋怨”学校收取一些费用，而班主任也有“怨言”：家长舍得花钱买吃买喝，却舍不得花钱买保险、买课外书。

本应是一个团队朝着一个目标奋进的成员间产生了分歧。

有个体的生存就有个体的消费，有学生的成长就有教育消费的支出。家庭和学校、家长和班主任，一定要携手并肩地安排好学生生活和学习中的消费，应及时沟通，研究对策。

一方面，学校一定要自律，坚决杜绝乱收费，但该收的费用通过公示以及和家长沟通后，还是要收的。否则，一些有利于学生成长的活动就无法开展，但让家长“接纳、理解、参与、认可”是收费组织学生有益活动的前提。另外有些需花钱的活动，学校和班主任可以把活动内容告知家长，由家长根据自己家庭的实际，自行去积极实施。同时，家长要多和学校、班主任沟通，了解学校的教学安排，积极参与学校的教学活动，让家庭和学校真正互动起来，让学校、家长成为学习型组织的共同成员，形成教育学生的优化的网状结构，双方都知道自己在网状结构中结点的工作职责，知晓他人在网状结构中结点的工作职责，履行好自己的职责，配合好他人的职责，齐心协力实现学习型组织的共同愿望。

另一方面，家长也应做好家庭开支计划，减少一些无益的家庭开支，把节省出来的钱投入孩子成长中各项健康有益的消费之中。

学校和家庭一定要走出互不沟通、互不信任、互相指责的误区，这样才能给孩子一个健康向上的成长空间，使其能够全面发展。

## 第二节　做好家访工作

家访是全面了解学生的一种重要途径。一个人对自然界的最早的认知、最初的劳动技能、最基本的生活常识以及第一世界观的确立，都源于他们的父母。鲁迅先生身处荒秽而“横眉冷对千夫指”，朱德元帅身经百战而矢志不移，都与他们父母的教育有关。学龄期孩子入学后，教师则成了其生活中的主要向导。所以，班主任要积极有效地与家长沟通，架起家长与学校之间沟通的桥梁，是现行教育过程中不可忽视的一个环节，也是班主任实施班级管理时应注意的一个重要方面。

【案例】

## 不要给家长送“棍子”

周财源是班里有名的能言善辩的学生，经常与人争得不可开交。为此，同学们给他起了“常有理”的雅号。

这天，他又和小组长争论起来，两人相持不下，来到我这里要我给他们评理。“上周日我让他收垃圾，他没干，忘了；这周分配他洒水，又不干；今天叫他倒垃圾，他还骂人。”组长怒气未消地告状。

再看周财源，他头一歪，慢条斯理地分辩道：“哎，我说组长，既往不咎嘛！过去的事情就算了，你为啥抓住不放呢？要是你能把上周的土找来，我就去收拾。”

我制止了他们的争吵，并批评了周财源几句。他不但不听还狡辩说：“我知道历来都是官官相护，哪有老师不偏向组长的。”他的语气气得我不知说什么好。

记得开学初，同学们制订学期计划时，学习基础好的同学都争取成绩达到优秀，基础差的同学争取成绩达到及格，唯他特别，目标成绩是 59.9 分。我问他：“你为什么把目标定为 59.9 分？”他说：“我那后边还有好多的小数点没有写出来呢！但总有达到 60 分的希望。”一番话说得我又好气，又好笑。

当晚，我来到他家，正巧周财源不在家，我就把他在校的表现全告诉了他的家长。第二天，周财源变了，变得沉默不语，也不做作业了。找他谈了几次，他只是一声不吭。

事隔几天，我意识到了自己家访的失误。

又是一天晚上，我再次来到周财源家。正巧他们全家正在吃饭。首先，我当着家长和周财源同学的面表扬了他最近一段时间在遵守纪律方面的进步；接着，又心平气和地对周财源的父亲说：“听说那晚我走后您打了孩子，这可不好，孩子有错，应该说服教育，可不能用棍棒呀！当然，我也有直接责任……”不等我说完，他父亲就接过话茬儿，说：“看老师说的，都怨孩子不听话，给您添麻烦。”谈着谈着，周财源那满面怒色渐渐平和下来，那副不在乎的神态也开始有了羞愧之色。

那晚，我们谈了许多，谈得很融洽。第二天一早，周财源找到我说：“老师，真没想到您会这样，还替我承担责任，可我平时还故意和您作对，我下定决心今后改掉自己的坏毛病。”

从那以后，周财源变了，变得能听进老师的批评了，也慢慢地改掉了耍贫嘴的毛病，成为名副其实的“常有理”，说话、办事都占理，还能就班里的不良倾向提出批评意见，学习、纪律各方面也都有了明显进步。

家访的方式和手段不同，对家访的效果是有影响的。上面两次不同的家访，出现了两种截然不同的结果，看来家访还真是一门学问，要求班主任在沟通时对学生是发自内心的爱，是与人为善的，怀有信心的，寄予希望的。同时，家访的目的是与家长互通信息，共同促进学生进步，这就要在家访中讲求技巧，不要向家长告状或只报忧不报喜，将学生说得一无是处。像案例中第一次家访那样，如果班主任在家长面前一味大谈学生的不是，就会引起家长的情绪波动，引发不当的教育方式，这样不但没有达到教育效果，还会引起学生的不满，使其对老师产生厌恶的情绪。他们会认为班主任是在借家长压服自己，无意中就在师生之间设下一道鸿沟。于是，班主任和学生之间的关系就出现隔阂，甚至学生对班主任带有仇视的态度，对班主任的形象也产生了不利的影响。可以说，这样的家访是很失败的。

家访时，班主任、家长和学生三方都应在场，班主任要实事求是地分析学生的优缺点，让学生客观地了解自己，让家长也知晓学生的情况。班主任要像案例中的第二次家访那样，及时表扬学生最近的进步，发现学生的优点。从发现学生身上的闪光点出发，从爱学生的立场考虑，就很容易引起家长和学生的共鸣，学生和家长都能积极配合，共同制订教育方案。这样，既可以避免班主任“告状”的嫌疑，又让学生明白班主任是关心他的成长的，并没有对他失去信心，还是满怀期待地在关注着他的。学生认为班主任是他的良师益友，同时家长因为班主任表扬自己孩子的优点和进步，心里也会很高兴的。这样，家长就会很积极地帮助孩子改正缺点，从而形成班主任、家长和学生三方沟通顺畅、共同努力的良好局面。

## 第三节　关爱学生

在日常工作中，班主任有时要处理一些家长之间的矛盾。比如，学生打闹中造成的一些意外伤害事故，如果处理不当，双方家长就会在医药费赔偿之类的问题上产生矛盾，因而使班主任花费大量的时间与精力。

**【案例】**

一天，小吴和小奚在走廊上开玩笑，小吴把小奚推倒在地。这一跤跌得很不巧，小奚疼得直冒冷汗。小吴站在一旁，吓得不知所措。毛老师赶到现场，了解情况后，迅速把小奚送往医院，经诊断，小奚的腿骨折了。之后，毛老师首先把小吴的爸爸叫到医院里来，向他介绍了事情发生的经过，让他去探望小奚，然后她才打电话告诉小奚的家长。听到自己的孩子遭遇“飞来横祸”，做父母的心里当然是十分着急的，但赶到医院一看，见毛老师已经把一切安排得十分妥帖、周到，对孩子关怀备至。小奚的家长平复了原来忧虑不安的心情，对毛老师充满了感激之情。毛老师说明了事情的经过，着重指出小吴的家长得知小奚受伤的消息之后心急如焚，特地请假赶来探望小奚。经这么一说，小奚家长也心平气和了，她谅解地说：“小朋友在一起，这类事情是难免的，今后注意一下就是了。”

至此，毛老师的工作是否告一段落了呢？没有。毛老师又去小吴家进行家访，把小奚家长的话如实转告，说明对方家长没有责怪之意，还安慰了小吴的家长。接着，毛老师建议小吴的家长有空再去看看小奚。小吴家长很受感动，连连点头说：“应该的，应该的。”第二天下了班，小吴的爸爸妈妈领着小吴，手里拿着糕点、水果，又去探望小奚了。

事情的结局可想而知，不仅小吴与小奚成了好朋友，而且双方家长也增进了友情。在医药费的问题上，双方“争执不休”，一方硬要赔钱给对方，对方却坚持不收。最后，毛老师出来“调解”，而这种“调解”，当然是十分容易的了。

看了上面的案例，你是否也感觉到班主任在双方家长的协调中起了重要的作用，从而使这件事得到了圆满解决了呢？其实这也体现了班主任与家长之间沟通的技巧。在孩子受害之后，班主任及时将孩子送到医院，没有耽误孩子的治疗。这是班主任处理应急事件的技巧，即一定要冷静、及时。

本案例的处理技巧也是很值得借鉴的。首先，班主任给主要责任方的家长打电话，请他到医院来及时了解事情的经过，很明确地指出他孩子的责任，并要求家长对受到伤害的孩子进行安慰。这样，主要责任方家长不仅表达了对自己孩子所做事情的愧疚，而且对受伤的孩子来说，则让他体会到了受伤之后别人的关心和照顾，在这样的情景下再给受伤方孩子的家长打电话。当受伤方孩子的家长到医院的时候，看到孩子已经得到及时护理，心里是很感激的；又因为对方的家长没有推卸责任，及时到医院来看望，并一直在忙前忙后，而班主任又将双方家长在这件事情上的愿望和想法进行了转告，双方的家长心里都很舒服。这不仅很好地解决了在孩子发生伤害后家长之间容易出现的矛盾问题，借这个机会让孩子明白同学之间团结友爱的重要性，给孩子上了怎样和同学相处这一课，而且还让孩子的家长互相了解，加深彼此的感情，达到很好的沟通效果。可以说，这是最好的解决方式，不仅避免了危机的发生，而且增进了家长之间、孩子之间的感情。这是个很有技巧的班主任处理突发事件的案例，值得大家借鉴和学习。

**【案例】**

### 家校合力共教育

一天，小应家分外热闹。在一间不大的客厅里，好几位“客人”团团围坐在桌旁。小应的妈妈又递茶，又拿凳，殷勤招待。他们谈得热烈与投机——这是毛老师组织的一次小型家长座谈会。她把住在邻近的几位学习上困难较大的学生的家长约在一起，同时也邀请了个别比较有经验的家长，共同商讨如何提高学生学习成绩的问题。这样的小型家长会出席率高，而且因为家长相互都很熟悉，所以谈起来比较亲切，不受约束。

会前，毛老师把刚批改好的相关学生的数学测验卷子分发给大家，很自然地引出了关于学习的话题。毛老师逐个分析了几个学生学习上的特点："赵 ×× 能准时交作业，但是差错比较多；邹 ×× 基础虽然好些，但作业拖拉现象严重，有时还撒谎……不过，这两个同学反应快，只要努力，都会进步很快。邹 ×× 的爸爸这次抓了一下数学，成绩马上上去了。"毛老师既提问题，又热情鼓励，谈的又都是他们孩子的事，自然引起一个个家长极大的兴趣。每谈到一个孩子，大家都议论一番，群策群力地寻找方法。

"除了基础之外，究竟是什么原因造成孩子学习上进步不显著呢？"毛老师进一步启发大家追根溯源。

不少家长谈到督促与辅导的重要性，小赵的爸爸说："我每天下班比较晚，所以，我就抓他的早读，早晨催他起床复习功课。"

毛老师问："在复习时，你去看他的作业吗？"

小赵的爸爸不好意思地说："早晨要做很多事，有时就顾不上了。"

毛老师说："有可能的话，还是应该具体关心一下，做得好，就鼓励鼓励。再说，小朋友注意力不易集中，这就更需要家长督促了。"因为不少家长不懂得如何根据孩子的年龄特点督促和帮助孩子提高学习成绩，班主任就有责任传授一些这方面的基本方法。

怎样进行辅导呢？小应的妈妈诉起苦来："我和他爸爸文化程度都不高，四则运算还可以，比较复杂的应用题就不行了。所以，我能做的工作只是在他列题之后，帮他验算，对答案。"小洪的妈妈接着说："应该让他们自己验算，否则他们就会有依赖心理。如果小应有不懂的地方，你尽管让他来找我好了……"

"那真是太感谢了！"

小洪的妈妈是数学老师，是毛老师请来的。小应学习差，这和家长的宠爱以及父母教育不统一有很大关系。毛老师笑着对小应的妈妈说："你得帮助孩子的爸爸树立威信，有时你们双方有矛盾，也不能在孩子面前相互指责，不然，你们怎么教育孩子呢？"小洪妈妈接着说："的确，做家长的教育必须一致。有一段时间，小洪对奶奶的态度很不好，我们就帮助奶奶树立威信，这样奶奶就可以更好地督促他学习了。"真挚的感情，亲切的语言，使小应妈妈很受感动，当然很乐意接受这个意见了。

为了尽快把这几个孩子的学习抓上去，有的家长建议组织校外学习辅导小组，大家一致赞同讨论，确定了小组的人选、活动时间和地点。

这种小型家长座谈会议题明确，可以就几个学生共同的问题进行组织，针对性很强，就像案例中的那样，还可以请在处理共同问题方面有经验的家长来参加，这样不仅可以就问题本身进行集体商讨，还可以借鉴有经验家长的建议，达到更好的教育效果。这样的小型家长座谈会不需要形式主义的议程和烦琐复杂的组织工作，会议可以在学生家里举行，节省了家长时间，所以这种形式的家长会的出席率还是很高的，深受家长的欢迎。

在这样的小型座谈会中，班主任要很好地就学生的问题与家长沟通，而且要起到穿针引线的作用，使家长之间也相互了解，共同关心孩子的成长。这样的比较和学习也对平时疏于教育孩子的家长提出了挑战，可以说效果还是很明显的。班主任要善于与不同类型的家长沟通思想，较好地调动他们教育子女的积极性，共同做好教育工作。调动家长的积极性对班主任的工作不但是很好的配合，同时还可以使学校教育和家庭教育很好地融合，这对学生的成才会很有帮助。

这里所讲到的沟通必须是长期行为，发现学生的问题就要及时商量，争取及时解决，不要等矛盾激化再去找家长商量解决办法。不经常和家长进行沟通有这样的害处：一是达不到“重病预防、有病早治”的目的；二是学生的思想和问题已经造成了一定的影响；三是很可能失去教育学生的许多有利时机。那种“头痛医头、脚痛医脚”的家访，虽然有可能遏制矛盾的激化，但不能根除问题。学生一旦养成某种陋习，往往需要很长时间改正。所以，与家长的沟通要保持长期性，班主任、家长要经常一起讨论，有利于把学生的问题消灭在萌芽状态之中。

【案例】

## 特殊的家访——班主任的关爱

一个阳光明媚的星期天，我在学生小奇的引导下去他家里访问。快到他家门口时，小奇收住了脚步，显出一脸为难的神情。“何老师，我实在不好意思叫她‘妈妈’，怎么办？”面对这个天真可爱而心灵上又有伤痛的孩子，我表现出胸有成竹的样子，轻松地对他说：“这样吧，你先敲门，然后说‘妈妈，老师家访来了’，不就成了吗？”小奇点了点头，鼓足勇气敲响了家门，随后唤出了他的继母。小奇的继母先是用惊讶的眼神看着孩子，随即激动地一把将小奇搂在了自己的怀里，眼里充盈着幸福的泪水，脸上流露出笑容。这可是她当继母后第一次听到小奇叫自己妈妈。

有段时间，聪明好学的小奇上课时常常无精打采，下课后一个人躲到僻静处发呆。我发现后找到小奇，以温和的语气询问原委。原来，两年前，父亲重新组合了家庭。虽然继母善良、勤劳，也很疼爱孩子，可小奇心里仍牵挂着自己的生母，对继母若即若离，只称她“阿姨”。每次收到生母的信，小奇的情绪总要波动好多天，父亲和继母为此心急如焚而又无可奈何。怎样才能让小奇真正接纳继母，解除他和继母之间的情感障碍，使其身心得到健康的发展呢？

我理解小奇的感情，也同情继母的苦衷。看来，首先要解决的是称呼问题，这是打开情感大门的第一把钥匙。出于这种考虑，我和小奇进行了一次长谈，开导他正确对待家庭的变故，不要因生活的挫折而灰心丧气，更不能因思念生母而隔断同继母的亲情，影响自己的学习和健康。小奇知道我喜欢他，平时也很信任我，因此答应我回家主动喊“妈妈”。但一连几天，试了好几次，就是张不开口。于是我专门为小奇设计了一次“特殊的家访”，一次最富人情味儿和最有成效的家访，将永远留在我和小奇的记忆深处。小奇后来顺利考入他理想的学校，与家人幸福地生活在一起。

任何教育的内容都需要通过心灵的沟通来完成。没有这种沟通，教育的内容再好，也会因为心灵的阻隔而打折扣，而且阻隔的程度越大，折扣也就越大。沟通的过程是一个双方相互了解的过程。了解教育对象，是实施教育的前提。

教育家 K.D. 乌申斯基说：“如果教育学想从各方面去教育一个人，那么，它就应当从各方面了解这个人……教育者应该努力了解一个人，看他在实际上究竟是怎样的人，了解他的一切优点和缺点，他平素的一切琐细的需要以及他的一切崇高的精神要求，等等。”中国教育学家陈鹤琴在《家庭教育》一书中指出：“家庭教育必须根据儿童的心理才能行之得当。若不明儿童的心理而妄施以教育，那教育必定没有成效可言。”案例中的班主任就是在这样的基础上和学生进行交心的。他在了解学生的心理问题后，及时针对学生的特殊情况进行适时的家访，而这次家访的目的就是帮助学生解决在生活中遇到的实际问题。首先我们要明白学生幼小的心灵是很敏感的，而且也应该明白学生在面临案例中的情况时的迷茫。班主任是学生的心灵导师，在学生的成长中有着很重要的责任。家庭是影响学生成长的主要因素，班主任在与家长进行沟通的时候，主要是在学生和家长的关系调节中起桥梁的作用，在学生和家长之间搭起“爱之桥”。

关心、体谅学生，是建立良好师生关系的重要途径。案例中这位班主任以应有的洞察力发现小奇的异常，进而从关心学生的内心痛苦出发安排了一次特殊的家访。这虽然是一次简单的家访，却折射出老师的良苦用心和高超的教育艺术。

## 第四节　言传身教，以身作则

在日常生活中，家长之间不和，对孩子的要求不一致，往往会给孩子带来不良影响。

**【案例】**

### 特殊的家访

小程的妈妈是个眼科医生，四十多岁时才生了小程，因此把他看成是自己的命根子，百般宠爱。小程的爸爸虽然不满意爱人的做法，但是也不懂得教育子女的方法，动不动就打骂小程。小程的奶奶虽然年老体弱、眼神不好，还要操持繁重的家务，稍不如儿媳的意，甚至还要遭到训斥。这导致小程面对家人时有三种不同的态度：对父亲惧怕，对母亲撒娇，对奶奶则不尊重。在学校里，小程各方面表现都很差。

如何统一家长对小程教育的要求？怎样改变小程对奶奶的错

误态度呢？班主任毛老师给三位家长有针对性地分别做了工作，为小程的健康成长创造了条件。

一次，小程发高烧病倒了，毛老师上门探望，看到奶奶端着一碗刚刚做好的热粥，步履蹒跚地爬上楼去，一勺一勺地喂给小程吃。毛老师心头一阵难过，十分体贴地对她说：“奶奶年纪那么大了，眼神又不好，能把米做成米粥已经不容易了，这几天喂饭的事就交给我吧。”他接过碗，一边喂给小程吃，一边亲切地与老奶奶拉家常。因为平时很少有人关心老奶奶，更没人和她谈谈知心话，所以毛老师的话使她很感动，眼里含着泪花。毛老师认为，对于年迈的家长，应该尊重，谈话要充满关切的感情；和老年人谈话，可以从叙家常开始，一起做一些杂务，这样，就能很自然地缩短家长和老师间的距离，做到无话不谈了。

从这天开始，毛老师每天准时赶去照顾小程。

毛老师觉得应该劝小程妈妈尊重老年人，为孩子做出榜样。可是，怎么谈好呢？批评只会使原本紧张的婆媳关系更为紧张，她会以为是婆婆在中间挑拨。毛老师于是换了个角度，对小程妈妈说：“程奶奶真不容易啊！眼睛不方便，做好了米粥，还要爬上楼去亲自喂小程。程妈妈，你真幸福，家里有那么好的婆婆照顾，使你能安心上班工作……”

小程妈妈原来以为奶奶照顾孙子是理所当然的，而且有时还不放心，偷偷回来看奶奶是否忘记给孩子吃药、喂饭，经毛老师这样一说，心里有些内疚、不安了，觉得婆婆对孩子这样悉心护理，而自己对婆婆的体贴关心太少了。尤其是毛老师，自己放弃休息，一次又一次地赶来照顾孩子，更使她心里不能平静。在这个火候上，毛老师就进一步跟她谈怎样爱孩子才能使孩子健康成长，并且特别指出：家长的一举一动、一言一行都会潜移默化地影响孩子。

最后，毛老师提议："奶奶眼睛不好，你是眼科医生，能不能陪她去医院检查一下，即使看不好，对老人来说也是精神上的安慰。"小程妈妈一口答应。于是，毛老师又把儿媳妇准备为婆婆求医的事转告给小程的奶奶。奶奶听了十分激动，紧紧地握住毛老师的双手，潸然泪下……就这样，婆媳关系逐渐地融洽起来了。

妈妈的转变，自然对小程产生了深刻的影响。他再也不在奶奶面前发脾气了，奶奶对他的教育，他也乐意接受了，还整天"奶奶、奶奶"地叫个不停，叫得老人心花怒放，家庭的气氛也变得和睦团结了。

"孟母三迁"告诉我们，家庭环境和社会环境对孩子的影响是很大的。家长的某些行为方式可能被孩子效仿，而家长往往没有意识到这一点。要让家长认识到这一点，使学生在思想品德方面受到教育，达到心灵的净化。

案例中毛老师在了解学生家庭情况的前提下，经常去学生的家里做客，不时搜索有用的信息并给学生做出尊重老人的好榜样。这样，老师的话无形中在这个家庭里就有了很重的分量。

班主任和家长沟通必须掌握一定的技巧。首先，应与家长推心置腹地谈心，了解学生的家庭情况，让家长明白班主任是从学生健康成长的角度出发，因为关心孩子的成长是班主任和家长达成一致共识的前提和基础。这样，家长才会觉得班主任亲切，才会缩短班主任和家长的距离。其次，就像案例中毛老师做的那样，利用家访的时机在学生家庭中起到润滑剂的作用，发现每个人的闪光点，增进家庭成员间的感情，从而为学生的健康成长创造良好的家庭环境。最后，要告诉家长，他们的一言一行都影响孩子，在促进学生家庭和睦的基础上再与家长进行交流，这样会很容易达成共识。家庭和学校之间的互相沟通、协调，不仅使孩子生长在良好的环境中，还可以为日后家长配合班主任的工作打下良好的基础，从而收到良好的教育效果。

## 第五节 协调家长的能力

A.C.马卡连柯曾说过："谁在教育儿童？是家庭，还是学校？既是家庭，也是学校。"家庭是学生的第一学校，家长是学生的第一任班主任。学生除了在学校接受班主任和集体的教育外，大部分时间是在家庭和社会中度过的。因此，家庭和社会对学生的教育和影响是很大的。俗话说："家长是孩子的样子，孩子是家长的影子。"家庭环境是人生受教育的起点，是影响学生思想情趣、行为习惯、身心健康、学业成绩的重要因素。

班主任要做好班级工作，必须重视与学生家庭的联系，家庭是个人生活的基础，是社会的一个细胞。家庭教育是学校不可替代的教育力量，家长是教育孩子的直接实施者、影响者。班主任要争取家长的密切配合，注意开发和利用对学生的思想、行为具有直接影响的家长这一特殊教育资源，以形成对学生教育的合力。

### 一、了解研究学生家庭的状况

家庭不同，家长对自己子女的态度、教育方式也会不同，因此班主任只有认真了解和掌握学生家庭的情况，才能有针对性地做好家长的工作，争取家长的配合。根据家庭对子女的教育态度分析，一般有以下几种类型，不同的家庭类型呈现出不同的教育特点。

（一）溺爱型家庭

家长对孩子过分溺爱和放纵，他们虽然能听取对孩子不足的评价，但不能协助班主任教育孩子，而且比较缺乏教育孩子的正确方法。

（二）护短型家庭

这类家庭对孩子的评价往往存在片面性，认为自己的孩子什么都好，他们不愿意听别人讲他们孩子的不足。有的家长认为孩子不好，是教师教育不当，或认为教师对孩子有偏见。这类家庭的家长基本上不能与教师有效地合作，对孩子的教育缺乏理智，不能用正确的方法教育孩子。

（三）放任型家庭

一般来说有两种情况：一是单亲家庭。这类家庭由于离异或丧偶，抚养的一方无暇顾及子女的教育或者不能正确管教孩子。二是继父母家庭。由于不是亲生骨肉，感情上没有教育孩子的强烈责任感和期望感，因而对孩子缺少责任感，甚至采取自由放任、不管不问的态度。

（四）有教养型家庭

一般能配合教师对自己孩子的教育，家长对孩子的评价实事求是，为人通情达理，懂得教育孩子的科学方法。

（五）特殊型家庭

由于各种原因，这些家庭的孩子与祖父母或外祖父母居住在一起，老人容易对孩子溺爱与护短。

班主任对上述各种不同类型的家庭要深入了解并认真研究其特点，采取不同的交往、协调方式，针对性地做好家长的工作，使之成为积极的合作者，化消极因素为积极因素，发挥家长教育子女的得天独厚的优势。

## 二、开发家长的有效资源

班主任积极有效地开发学生家长这个宝贵的教育资源，是班主任工作取得成功的有效途径，也是教育能够真正形成合力的关键。为此，班主任要重视以下几点。

（一）转变观念，经常联系家长

班主任在教育学生的过程中，应自觉地意识到没有家长的配合和真诚合作是不可能实现学校教育的培养目标的。因此，班主任要把家庭教育作为学校教育的一部分，把家长作为学生的“编外班主任”，联系家长不是“可有可无”的，而是教育过程的关键性环节，也是班主任的主要工作职责。班主任要强化自己的责任意识，有目的、有计划地加强与学生家长的联系，要改变“只要学生不出‘问题’，或者不出‘大问题’，就没有必要与家长联系”的思想。因为这种工作方式会造成有些学生家长误以为班主任来与家庭联系，总是学生有问题了，学生也害怕班主任与家长联系。要改变这种认识不一致、教育不协调的现象，需要班主任转变观念，把与家长联系列为班主任的日常工作计划，做到联系学生家长普遍化、经常化和制度化。

（二）和谐关系，尊重理解家长

和谐是中华民族的传统美德，与家长建立和谐的人际关系，这是取得家长教育工作的配合、做好班主任工作的重要基础。为此，班主任需要把握以下几点：其一，要尊重不同类型学生家长的人格。由于学生个体在思想、情趣、学习、品德、智商、情商等方面的情况存在着差异，因此学生之间会形成优、良、中、差等不同类型，从而学生家长也具有了不同类型的差别，如优生家长、后进生家长等。但作为学生和学生的家长，人格应该是平等的，理所当然应受到同样的尊重。尤其对一些后进生的家长，班主任不能对其感情用事、乱发脾气，甚至挫伤他们的感情。其二，对不同地位的学生家长要一视同仁。学生家长在社会经济地位、职业、文化层次等方面各不相同，但我们应看到所有家长在培养教育孩子成为一个社会需要的有用人才这一点上是一致的，有着共同的愿望和共同的责任。作为一个有职业良知的班主任，对不同地位的学生家长都应同等对待，不能“以貌取人”，更不能“因财施教”。其三，切忌向学生家长告状。有的班主任对个别学生“教育无方”，于是求助于家长，把家长请到学校，把孩子的“劣迹”诉说一通，或者亲自跑到学生家里去向家长告状，造成的结果不过是家长打骂孩子。这样容易造成学生、家长与班主任的严重对立，达不到教育的效果。要创设和谐关系，班主任就要尊重和理解家长，需要将心比心、设身处地、角色换位考虑问题，掌握科学的、富有人性化的工作方法，才能达到事半功倍的效果。

（三）平等沟通，实现家校合作共同教育学生

为了最大限度地开发家长的教育资源，形成教育的合力，班主任应该通过协调关系，与家长建立一种相互尊重、平等沟通、以诚相待基础上的亲密合作关系。具体表现在：其一，班主任与家长双方要强化自己的角色责任，摆正自己的位置，在学生面前要帮助对方树立威信，不要在学生面前议论对方，甚至贬低对方，不能相互拆台，而是要相互补台。其二，班主任要与家长共同探讨学生学习和成长的客观规律，用科学的方法教育学生。班主任与家长可以建立联系，互相及时交流信息，共同商量、分析孩子的行为习惯、学习成绩、智力因素和非智力因素等方面的情况，共同研究教育学生的方法。其三，班主任在学生面前要注意自身的形象，要表里如一、为人师表；家长在学生面前也要做出表率。家长对学生的影响是全方位的，家长的思想行为、价值取向、言

谈举止都会对学生产生潜移默化的影响。开发家长资源，就必须充分重视家长无形的、具有特殊价值教育功能的作用。班主任要与家长建立一种平等的合作伙伴关系，形成教育的合力。

## 三、协调与家长关系的艺术

班主任为了积极有效地开发家长的教育资源，协调与家长的关系，需要认真探索其途径、方法和技巧。

### （一）家访

为了有效地对学生进行教育，班主任要主动与学生家长建立经常性的联系，而家访是联系家长、了解学生在家表现的基本途径。班主任可以与家长互通情报，增强对学生教育的针对性；可以了解学生家庭教育的经验和缺陷，帮助家长扬长避短，提高家庭教育的实效性；可以让家长明确学校对学生教育的要求，配合学校做好教育工作，形成教育学生的合力。成功的家访是教育学生、形成良好班集体的催化剂。

家访是一种与家长直接交往的形式。如何做好家访工作呢？

第一，要有目的、有计划地进行家访。每次家访都必须有充分的准备，有明确的目的。在家访前，要明确自己为什么去家访，在家访中要解决什么问题，怎样同家长密切配合以共同教育学生，尤其是如何共同帮助有问题的学生改正不良习惯，纠正错误等。要根据家长的职业、文化素养、家庭结构、经济状况、家庭气氛、家长对子女的教育方式和期望、学生对家庭成员的态度和信赖程度，以及学生的性格、兴趣等情况，制订家访计划，确定采取的形式和方法。这样的家访容易取得良好的效果。

第二，家访要全面性和经常化。全面性主要指：其一，家访要注意面向全体学生，包括平时表现较好的学生和较差的学生，以及表现中等的学生。其二，家访中要善于向家长通报学生在学校各方面的表现情况，既要讲学生的不足，也要讲学生的优点和长处；既要针对性地提出问题，又要与家长共同探求解决问题的方法和途径。经常性是指要经常家访，不要等到学生出了问题才去家访，不要使家长感到老师来家访“不是好事”，总以为“孩子又淘气，犯事了”“告状来了”，家访是“无事不登三宝殿”，家长往往会感到不悦。因此，家访难以达到预期的效果。经常家访是家校双方之间经常互通信息、商讨教育的良方，它有助于消除学生和家长对家访的抵触心理，也有助于班主任与家长建立和谐的合作关系。

第三，要讲究家访的技巧，切忌告状式家访。首先，家访时班主任的语言要有礼貌，言辞不能过激，尤其在学生出了问题后进行家访的时候，班主任不能面对家长怒气冲天，把对学生的怨气发泄到家长的身上，更不能以训斥的口吻与家长谈话，要耐心地向家长叙述事情的原委，要仔细倾听家长的讲话，不要轻易打断对方。其次，要考虑学生家长的不同特点，采用不同的谈话策略，要注意根据不同的家庭类型采取不同的交谈方式。对于一些有见识、文化思想素质比较高、能正确教育子女的家长，家访时尽可能将学生的表现如实向家长反映，分析孩子的不足，主动请他们提出教育的措施，认真倾听他们的意见，充分肯定和采纳他们的合理化建议，并适时提出自己的看法，和学生家长一起，同心协力共同做好对学生的教育工作。对一些思想比较狭隘、喜欢护短的家长，家访时要努力表现出自己对家长的尊重、真诚，但要表现得不卑不亢。交谈时，一般应先肯定其孩子的成绩和进步，对学生的良好表现予以真挚的赞赏和表扬，然后再适时指出学生的不足。要充分尊重学生家长的感情，肯定家长维护子女的合理性，使对方在心理上能接纳你的意见。同时，也要用恳切的语言指出溺爱对孩子成长的危害，耐心热情地帮助和说服家长采取正确的方式来教育子女，启发家长要实事求是地反映学生的情况，不要袒护自己的子女，或因溺爱而隐瞒子女的过失。对于放任型的家长，班主任在家访时要多报喜、少报忧，使学生家长认识到孩子的发展前途，激发家长对孩子的爱心与期望心理，改变对子女放任不管的态度，吸引他们主动参与对孩子的教育活动。同时，还要委婉地向家长指出放任不管对孩子的影响，使家长明白孩子生长在一个缺乏爱心的家庭中是很痛苦的，从而增强家长对子女的关心程度，加强他们之间的感情，为学生的良好发展创造一个合适的环境。其三，班主任还要选择家访的时间。家访一般应选择家长休息在家的时候，如节假日、家长的双休日或晚间。若晚上家访，时间不宜太久，以免影响第二天家长的工作或学生的学习。如果方便的话，应事先预约一下。其四，班主任对后进生进行家访时可以让学生在场，让他谈谈自己的看法，使学生增强对班主任的信任感。班主任要善意、诚恳地对学生进行批评、帮助，而不宜采用背着学生向其父母亲“告状”的方式。家访中要营造一种和谐的氛围，使班主任与学生、家长建立起相互信任、相互理解的关系，使家访发挥其积极的教育作用。

第四，根据不同的教育需要，选择不同的家访形式。班主任应根据教育的需要，结合学生的实际情况来选择恰当的家访形式。家访，一般有普访、细访、重访、特访等几种。普访，是班主任在接到一个新生班级时，对全班学生的家长进行的一种访问形式。通过普访，对学生的家庭构成、家长职业、家庭教育方式、家庭环境、爱好兴趣等方面有一个初步的了解，并与家长建立融洽的关系。细访，一般是对班干部进行的家访。为了更好地发挥班干部的作用，建设优秀的班集体，班主任更需要对他们的情况有全面深入的了解。重访，是针对后进生有目的地进行的家访，这是家访的重点。重访时一定要讲究艺术，切忌把家访变成找家长“告状”。对此，有的班主任归纳为“五要”：一要把握时机；二要讲究方式；三要运用艺术；四要先讲“闪光点”，然后讲缺点；五要创造和谐的气氛。特访，是根据特定的情况和任务而进行的家访，以争取家长的支持和配合。总之，无论哪一种形式的家访都需要班主任精心设计，讲究家访艺术，才能取得最佳的效果。

（二）家长会

家长会是在确定的时间内将班级全体或者部分家长召集起来以开会或者其他形式进行的教育活动。它是促进学生家长与学校和班主任之间相互了解、相互沟通的主要渠道之一，也是家长参与班级管理、协助班主任教育学生普遍采用的形式。家长会的形式是多样的，按规模大小，家长会可分为班级家长会、校级家长会和年级家长会；按其内容，家长会可分为主题教育家长会、学生学习情况家长会、指导性家长会；按学生不同类型，家长会可分为优秀学生家长会、中等学生家长会、后进学生家长会。要开好家长会，真正使家长会取得预期的效果，需要注意以下几点：

第一，要明确目的，事前做好充分准备。家长会要明确主题，并选择适当时间，争取应到会的家长都能参加，要求把家长会的主题、时间、地点提早通知每一位家长。

第二，尊重家长，热爱学生。班主任向家长介绍学生情况时，不宜将学生的成绩公之于众，也不宜给学生成绩排列名次，否则会挫伤学生及其家长的自尊心。尽量挖掘学生和家长的积极因素，对有问题的学生应通过个别家访的形式来实现沟通。

第三，要精心组织，提高实效。不管哪种形式的家长会，内容布置要具体明确，突出中心，简明扼要，切忌冗长、乏味。开会要准时，不拖拉。家长会要注重情感沟通、双向互动。班主任说话要谦虚和善，态度要平易近人，具有亲近感。班主任不能唱独角戏，要让家长发表意见和建议，以形成教育的共识与合力。

（三）与家长建立多种形式的联系

许多学生的家长都希望能够从学校、班主任那里及时了解到自己孩子在学校里的各方面表现，能够与班主任共同探讨教育的方法。这就需要班主任与家长建立多种形式的联系，并在实践中不断创造出新的联系形式。

建立联系卡制度。通过联系卡可以使班主任与学生家长之间建立起定期的信息联系通道。联系卡能够使对方及时了解学生在学校或者在家里的有关情况，有利于学校与家庭教育的互相合作。班主任可以根据学生的不同情况和特点，设计不同的联系卡，联系卡一般在部分学生中使用。有些班主任还采用“书面联系”的方式，与学生家长保持经常的联系，这也是沟通学校与学生家长、了解和掌握学生情况的重要途径。书面联系一般有：书面通信联系、学生手册联系、班级通讯的寄阅、家庭联系簿以及电子邮件等形式。如，有的班主任与家长建立短函联系。班主任每天要寄给家长一封简短的信函。信上的内容是告诉家长其子女的一些良好表现，也可以是班主任表达对家长协助教育的感谢之意。这样做有利于引发学生和家长的积极行为动机，学生希望得到班主任的称赞和表扬，家长也希望自己的积极行为得到学校老师的尊重和肯定。

班主任与家长的约谈。这是指班主任根据教育的需要，主动邀请学生家长到学校进行交谈的一种形式。约谈前，班主任需要做好充分的准备，包括约谈的主题是什么，采用哪些辅助的形式，班主任为其孩子的教育有哪些打算，做了哪些工作，要求家长进行哪些教育的配合和帮助等。

实行“开放日”或“教育周”制度。在“开放日”或者“教育周”，学校班级的全部活动都向家长和社会开放，学校主动向家长反映学校教育教学工作情况，希望家长为学校和班级教育管理献计献策；邀请家长在“开放日”和“教育周”观摩自己的孩子在学校一日的活动及其表现，让家长了解学生在校的学习生活状况，增加情感体验，并就学生的表现与班主任交流看法和意见；学校也组织家长交流家庭教育经验，帮助家长提高教育水平，使其成为更合格、更称职的家长。

建立家长接待日制度。现今家长都十分关心孩子在学校的各方面表现。有些家长在教育问题上存在着一些困难和障碍，需要求教于班主任。家长接待日制度，即在每周或者每月的规定时间里，由班主任或者任课教师负责接待家长而建立起来的制度。在接待日里，班主任或者任课教师耐心听取家长的意见和要求，认真回答家长提出的问题，诚恳提出自己的意见和建议。因此，家长接待日可让学生家长与班主任能够及时地交换看法和相关信息，有利于他们统一思想，对学生进行合作教育。

（四）建立健全家长委员会，办好家长学校

家长委员会是学校的参谋咨询机构，其作用是参与学校的教育管理，配合、支持并且督促学校的教育工作，帮助沟通、协调学校与家长、家长与家长、学生与家长之间的关系。家长委员会一般分为学校、年级和班级三级，班主任教育与家长进行合作的主要形式是建立“班级家长委员会”。班主任要充分利用各级家长委员会，特别是班级家长委员会，使之成为整合家庭教育力量的重要途径。首先，班主任要做好家长委员会的组建工作。班主任在深入了解学生家庭情况的基础上，广泛征求家长意见，以自荐与推选相结合的方式，由热心学校班级教育工作、重视家庭教育、有较强组织能力和一定文化素养、作风正派、有一定社交能力的家长组成班级家长委员会。班级家长委员会由若干名委员组成，可设主任、副主任各一名。其次，班主任要充分发挥班级家长委员会对班级建设和家庭教育的促进作用。班主任要围绕班级学生的教育工作，和班级家长委员会共同协商，制订“家委会”的工作制度和活动计划，开展下列工作：征求家长对班级工作的意见和建议；安排学生、家长、班主任一起参加多种形式的班集体活动；邀请家长观看学生的学习活动成果展览，组织家长参加听课、评课、评学活动；组织家长共同教育学生，特别是参与对后进生的转化工作；利用学生家长的资源优势，为班级学生的教育、社会实践教育等活动创造一些有利条件，争取家长能自愿为班级学生提供无偿的服务。班主任应发挥家长委员会的优势，促进学生健康成长。

家长学校，是为学生家长举办的以提高家长教育素质和家庭教育质量、优化家庭教育环境、实现学校教育和家庭教育的和谐发展，以达到最佳教育效果为宗旨的业余学校。家长学校利用学校的师资和教学条件，为家长开设有关生理学、心理学、教育学、社会学等学科知识讲座；邀请教育有方的学生家长介绍成功或者失败的教育经验和教训；组织家长学习研究家庭教育的有关问题，探索科学的家庭教育方法，等等。家长学校使家长通过学习相关的科学知识，了解和掌握学生身心发展的规律和思想特点，有利于家长提高教育孩子的科学性和针对性，掌握教育孩子的方法和艺术；家长通过学习其他学生家长介绍教育经验，从中获得教育孩子的感受和借鉴；家长学校也为家长如何加强自身修养、更新教育观念、提高自身素质、塑造良好形象创造了条件，使家长认识到自身的人格、品行本身也是一种重要的教育因素。

总之，家长学校是提高家长教育水平的好形式，不仅传授了教育理论，而且促进了家庭教育观念的更新。这样，学校教育与家庭教育结合在一起，班主任和家长互相配合，家长作为一种重要的有效教育力量产生了重要的作用。

在家长学校尤其在班级家长学校中，班主任是重要的策划者、组织者和协调者，班主任要了解和掌握学生家庭教育的有关情况，如家长对家庭教育的态度，家庭教育的方式，家长对学生的期望值，家庭的基本情况，等等。班主任应制订班级家长学校工作计划，如组织家长参加班集体的活动，促进家长、学生、班主任之间的了解和感情交流；组织家庭教育的专题讲座、专题研讨、经验交流；开展评比“优秀家长”活动；组织有关专家开展家教咨询，指导家长的家庭教育；等等。班主任通过自己良好的协调能力，可以更好地发挥家长学校的重要作用。

# 第六章

## 指导家庭教育的经验

## 第一节　与家长沟通的经验

宋庆龄曾说过："孩子们的性格和才能，归根结底是受到家庭、父母，特别是母亲的影响。孩子长大成人以后，社会成了锻炼他们的环境。学校对年轻人的发展也起着重要的作用。但是，在一个人的身上留下不可磨灭的印记的却是家庭。"孩子从牙牙学语到认识世界，从蹒跚学步到闯荡世界，都离不开父母的指引和教育，父母应在子女心目中树立一个良好甚至是高大的正面形象。孩子从小崇拜父母，也是理所当然。

如今，快节奏的生活和较大的生活压力，使父母疏于与孩子沟通；同时，父母由于教育观念不当或教育方法欠缺，也带来诸多家庭教育问题，这严重影响了家长在孩子心目中的形象。如何创新家校沟通方式，架设亲子沟通的桥梁，提高家庭教育质量，成为亟待解决的教育问题。

### 一、给家长会变个脸

优秀的班主任应该用创新的思维来设计家长会，以打动家长的心灵，激发孩子的上进心。这样的家长会有以下几个特点：

（一）形式新颖

传统的家长会是"老师台上讲，家长台下听"，而新型的家长会可以是家长沙龙、亲子互动游戏，也可以是家校心灵对话。

**【案例】**

片段一：亲子活动。

活动名称：信任之旅。亲子分别扮演天使与盲、聋人，一起克服困难。先用毛巾把孩子们的眼睛蒙上，由父母搀扶着他迈过一级级台阶，穿越一条条小道，钻过一道道双杠，双方不允许有语言交流，然后父母与孩子互换角色。父母搀扶孩子时，因为父母照顾细致、孩子对家长的信任，孩子尽管“看”不到，“听”不见，走起路来也能大步流星。当孩子们照顾家长时，不管前面的障碍是什么、不管家长此时的感受如何，孩子们简直就是在拖着家长走。这项活动能让孩子们反思平时对家长的照顾有多少，让家长感受一下对孩子进行感恩教育的必要。

片段二：亲子心灵对话。

活动名称：我的心声。让孩子回答以下问题：家庭中给你的最美好的回忆是什么？你在家庭中所起的作用是什么？对家庭最满意的是什么？最不满意的是什么？最大希望是什么？再设置另一组问题：父母对我最满意的是什么？最不满意的是什么？对我最大希望是什么？孩子将答案写在纸上，家长口头回答，默契的家庭有奖。

无论是亲子活动，还是心灵对话，班主任为亲子间的沟通架起了桥梁。在生活中，稍大的学生愿和朋友、同学在一起娱乐，却不愿意和父母在一起活动，认为和父母之间有代沟。孩子有什么心里话不愿意跟父母说，自认为和父母话不投机。据有关调查，当今的父母舍得花钱给孩子请家教，却没有时间陪孩子。这种形式新颖的家长会将孩子、家长拉到了一起，打开了亲子交流的新局面，缩短了亲子间的心灵距离。

（二）充满教育智慧

普通的家长会都是一些事务性的会议，班主任讲、家长记，只提要求而缺乏教育方法的指导。事实上，很多家长与孩子缺乏沟通的原因是家长缺乏家庭教育方面的知识，只会单向说教。

优秀的班主任会利用家长会传播教育艺术，将家校教育力量联合起来。

班主任可以将给家长的建议编成朗朗上口、简单易记的顺口溜。如“讲诚信、有恒心，当好榜样；勤沟通、多了解，做好朋友；少发火、多帮助，效果不错；少唠叨、多鼓励，孩子高兴；有要求、有目标，才有收获”。或推荐一些优秀的家教书籍，因为这些书籍能较好地提升家长的教育水平。

（三）体现平等与尊重

家长、班主任都是影响孩子成长的重要他人，只不过他们扮演的角色不同而已。家长与班主任是平等的关系，新形势下的家长会主题应该包含尊重、体现平等，可以是一句温馨的问候语，可以播放一个贴切的动画，可以是一次自由发言的机会，可以是一句祝福的话语……

“欢迎各位家长的到来，这里是我们交流的平台，为了孩子请畅所欲言。”“您的到来是孩子的骄傲，是老师的荣幸，谢谢您的理解与支持！”“欢迎各位到来，因为有您，严冬里多了一份温馨。”这样的开场白足以让每一位到会的家长有一种被尊重的感觉，从而能愉快地参与教育交流。

坚持“平等、尊重”的原则，家长会一定会成为人人喜欢、个个愉快的家校交流会，这为形成家校教育合力奠定了坚实的基础。

## 二、特别家庭会议

特别家庭会议是由班主任策划、学生主持的一种亲子沟通的新渠道。会议提纲由班主任事先帮学生列出，形式采用学生的创意，学生最后就此写一篇周记。下面是孩子们就家庭会议所做的记录：

[记录一]

丽丽爸爸：我的文化水平不高，难以辅导你，唯一能做的是不干扰你的学习，我们下次决不在你写作业的时候看电视了。

丽丽：爸爸妈妈，你们很爱我，漂亮的衣服是你们为我添置的；好吃的东西是你们留给我的；我想买球，你们就给我买。可你们自己一年到头还是那几件衣服……在物质方面，你们给我的够多了，可是在精神方面，我希望你们不要再用家长的权威来解决问题了。希望你们对我了解多一点，多给我一些自己的空间，好吗？

[记录二]

文文：我爱看书，平时学习不需要你们老盯着……妈妈爱劳动，总是把家里收拾得整整洁洁，把我的衣服洗得干干净净；爸爸很勤劳……希望妈妈能耐心地回答我平时提出的问题。

妈妈：……你的学习态度要更端正一些，对自己的要求要更高一些，书写要更漂亮些。

文文：希望妈妈以后对我多些耐心，不要我一犯错就着急。建议爸爸平时多看一些书，而且要坚持。

上述只语片言显示出孩子可以在班主任的支持下，与家长友好地、民主地展开对话，较好地建立民主、平等的亲子关系，有效地改变了话不投机半句多的亲子沟通的尴尬局面。家庭会议成为一种既简单又行之有效的亲子沟通途径。

特别家庭会议产生良好的教育效果的原因有：第一，这是一道作业，家长能静下心来与孩子交流想法；第二，因为有老师事前的指导，家庭会议有了明确的主题；第三，亲子双方能从积极的方面认同对方，也能通过家庭会议友善地说出对方的不足；第四，亲子双方能较好地认识以前的错误并有计划地改正。

## 三、家长调查表

另外，还可以通过调查表的形式，启发、引导家长如何与孩子进行沟通和交流。

可设置如下问题：

1. 您觉得孩子对学习感兴趣吗？

2. 您每天和孩子的交流时间有多少？

3. 您觉得孩子最大的优点是什么？

4. 如果您给孩子请家教了，家教带来了什么样的效果？请家教有什么弊端？

5. 您最想给老师说的一句话是什么？

6. 谈谈您教育孩子的经验与体会。

## 四、让书信架起沟通的桥梁

寒假将至，为了让学生能过一个快乐、充实、有意义的假期，班主任陈老师用书信交流的方式，试图阻击有些家长的“题海战术”，遏制某些家长对孩子放任自由的现象，让他们教孩子学会理解并关爱父母、督促孩子学会自我管理。班主任给家长写信，这种方式虽普通但却因稀少而珍贵，易引起家长和孩子们的重视，效果会比常规的方法好。

**【案例】**

### 给家长的一封信

尊敬的家长：

您好！新年快乐！

时间似流水，又一个学期过去了，感谢您对孩子的抚育与引导。正因为大家的努力，孩子们顺利完成了这学期的学业。这学期，最让我高兴的是不少学生已体验到了学习的快乐。任何一个孩子都需要他人发现自己的长处，任何一个人都想获得别人的肯定。请您在生活中多肯定孩子，给他一份自信；多教给他做人做事的方法，教他一种成长的本领；少拿孩子跟别人比，多鼓励孩子超越自己。下面的这个小故事或许能带给您一点启迪。

法国作家让·德·拉·封丹曾写过一则寓言：有一天，北风和南风比威力，看谁能把行人身上的大衣脱掉。北风自恃力大，先猛烈刮了起来。结果，为了抵御北风的侵袭，行人便把大衣裹得紧紧的。与北风不同的是，南风不慌不忙地徐徐吹来，顿时风和日丽，行人感到暖意渐生，不知不觉解开了衣扣，继而脱掉大衣。（南风好比是表扬，北风好比是批评。当然表扬要真诚才可贵，恰当的批评可以用。）

为了让孩子过一个快乐的春节，多和孩子运动；和他一起上街感受新年的景象；在条件允许的情况下，可以让他用相机抓拍下家庭和街头的精彩。请不要给他添加课外作业，配合、督促孩子用心做好学校布置的家庭作业即可。如果时间充裕，让孩子尽量多读一些有益的课外书籍。假日，可是一个休整的好时节。

…………

如果你是一位学生家长，收到这样一封热情洋溢的班主任的亲笔信，心里的感受会是怎样的？班主任不仅关心孩子的学习成绩，而且关心孩子身心的健康成长，用这样一种建议、协商的方式，而不是用命令、训斥家长的做法，提醒家长、孩子过一个快乐的春节。班主任如果能够经常站在家长的角度看问题，把班上的每个孩子当成自己的孩子看待，家校合作一定会有效。

## 五、如何面对学生上网问题

**【案例】**

班主任王老师正在午间小憩，突然有学生报告：有不少男生在某网吧玩游戏。也难怪，开学刚两周，张老师应学生的要求，让他们自我管理。这不，他们把自己管到网吧去了。没想到，平时看似温文尔雅的孩子竟敢集体上网，14个男生有12个进了网吧。生气只会将事情办砸，王老师反其道而行之，她不动声色地在网吧里逛了一圈就“打道回府”了。瞧，学生看到老师的身影——呆了。不一会儿，那些上网的学生悄无声息地回到了校园。等王老师慢悠悠地回到班级的时候，学生已安静地在做作业，不敢抬头看她一眼。

王老师轻声说了一声“停”，给那12个男生每人一张便条纸，请他们写上本学期去过几次网吧，分别是何时、与何人、玩了几小时、钱从何而来。学生不知王老师葫芦里卖的是什么药，只好心惊胆战地写了。王老师最后说了一句：“从今以后，中午12点40分准时回班，请各自管好自己。”

放学了，有的同学担心地问：“老师，你通知家长了吗？”她笑而不答。结果，学生回家向家长汇报了此事，这样，由孩子自己把事情告诉家长同班主任直接告诉家长，其结果可能是完全不同的。这样家长心平气和地与孩子交流，孩子也乐于接受家长的意见。学生上网吧的事就这样静悄悄地过去了，一天、两天、一周、两周……孩子们已养成了12点40分准时回班午休与自习的习惯。

王老师没有采取常规的“堵”的处理方法，而是用符合学生心理发展的“疏导”的方法，大胆地信任学生，大胆地让学生在错误中提高自我控制力。这样，班主任的信任感染了学生，培养了他们的自信心和对自己负责的认真态度，因此产生了良好的教育效果。在今天这样一个信息化社会，让学生远离网络是不可能的，也是不正确的。因为网络并不只有负面作用，还有积极的教育功能。关键是指导学生正确面对网络，发挥网络积极的教育功能，使网络成为一种重要的学习资源。

## 第二节　关于家长会

### 一、家长会的八种形式

根据各阶段的教育任务和班级学生的具体情况，有计划、有系统、有组织地设计形式不同、内容各异的家长会是班主任的一项重要工作。家长会能够及时沟通家长、学生和班主任的思想感情，消除教育中的消极现象；能够帮助家长提高家庭教育水平，能掌握学生发展近况，了解学校教育任务，对建立社会、家庭和学校“三结合”教育网络，使学生健康发展，有积极作用。下面介绍八种形式的家长会。

（一）报告式家长会

由班主任用报告的形式向家长介绍班级的现状、教育任务，或者汇报一个学期以来的班级教育工作情况。这种家长会可在班主任报告结束后组织大家讨论，让大家领会、消化，避免“满堂灌”的单调乏味的现象。

（二）交流式家长会

组织家长进行家庭教育经验交流，让家长取长补短，端正教育思想，改进教育方法，提高家庭教育质量。班主任应事先有针对性地选择好发言家长，商定好发言提纲，避免泛泛而谈、零打碎敲现象。

（三）展览式家长会

班主任用学生的习题簿、美术和手工作品、优秀作文、竞赛答卷以及集体的小报、奖状、荣誉证书等，精心布置一个小型展览会，让家长观看、翻阅，了解班级及孩子的学习成果。班主任应在家长观看时给予介绍，会后让家长反馈评价意见。

（四）会诊式家长会

根据不同情况，将不同类型家长召集在一起分析学生问题及形成原因，商讨教育失误及改进措施等。要求班主任要选择好“病例”，提供给家长分析思考，寻求最佳教育方案。

（五）表演式家长会

让家长来班级观看学生编排的文艺节目或课外活动、主题中队活动等。这种家长会气氛热烈、活跃，班主任应在事先做好充分准备，让家长在“听”中受到教育，在“看”中得到启发，为他们拓宽家庭教育途径打开眼界。

（六）咨询式家长会

班主任事先通知家长准备好要向班主任询问的问题，到校后采取问答的形式了解学生的发展水平、行为特点等。这种家长会要求班主任知识广博，多学习、勤思考，要有问能答，解答无误。

（七）辅导式家长会

就学生的心理、生理发展规律及科学教育的方法，有系统地向家长做基础理论和实践方法的辅导，提高家长家庭教育水平。这种家长会要求辅导报告深入浅出、通俗易懂、案例丰富。

（八）恳谈式家长会

班主任以诚挚的态度请家长来，征求家长对班主任的意见及要求，并耐心而真诚地向家长提出家庭教育的目标及措施，从而增强家长与班主任的教育一致性。这种家长会应注重班主任与家长之间思想、情感的交流，融洽彼此关系，提高教育合力。

## 二、怎样向家长汇报学生考试成绩

家长对待自己孩子的考试成绩往往存在着下列的心态：考好了，高兴，不惜“重金”奖励；考坏了，着急，气急败坏，责怪，甚至大打出手。这两种做法都不利于孩子的学习。每一次考试之后，如何向家长汇报学生的考试成绩，如何帮助家长用科学的态度对待孩子的考试成绩，使孩子在每次考试后能吸取教训，发扬成绩，更快地进步。对此，笔者想谈谈自己的一些看法。

（一）家长应用什么态度看学生的成绩

1．用战略的眼光看待考试成绩

每次考试后，无论分数是高还是低，首先要看是进步了，还是退步了，看一看预期目标达到没有。如果预期目标达到了，说明孩子前一段时间的学习是成功的、有效的。例如，某学生英语、数学一贯较差，因此，他把目标定在这两门课的提高上。考试结果是英语、数学有很大的进步，达到了预期目标。在这种情况下，即使其他学科暂时不理想，那也应该肯定他这段时间的学习是有效的，应给予鼓励，并帮助他制订下一步学习计划，把其他科目的学习赶上来。

2．要用分析的态度看待学生的成绩

面对孩子的学习成绩，无论是进步还是退步，首先要看他们近期的学习态度是否认真、学习是否刻苦。如果孩子是认真的、刻苦的，而成绩还不理想，那么就应该同孩子一起分析原因，而不是一味指责。原因可以从以下几方面找：一，学习习惯，通常学习习惯好的学生在学习过程中能够做到认真听讲、认真练习、及时复习这几个环节；二，学习方法，有的学生在学习中认为只要花时间就能提高自己的成绩，晚上学到很晚，结果白天上课无精打采，或者有的学生一味做难题，而忽视了基础知识的学习。

3．用科学的态度看待学生的成绩

考试分数高低是一件十分复杂的事情，成绩的好坏与智力因素、非智力因素密切相关，而一个人在不同的年龄阶段会表现出不同的智力与非智力状态。班主任应该向家长讲一些智力、心理发展的规律，让家长正确看待孩子的成绩。

4．用自然法则看待学生的学习

优胜劣汰，这是自然法则。就学习而言，在相同条件下并不是每一位学生都能获得成功，否则一个国家几乎要办与中学一样多的大学。一个人的能力的强弱表现是不一样的，表现的方面也是不一样的。因此，如果有的孩子在经过努力也不能获得某一科的成功时，那么作为班主任应该帮助家长发现孩子其他的一些专长和优点。

（二）分析学生进步的原因

现在以笔者所带班某次中考为例，进行分析。全班人数 56 人，进步的学生 29 人，约占全班 52%，经过分析，进步原因如下：

1．前次考试考得较差，考完后认真总结教训，并发愤努力追上来的学生有 8 人，占进步人数的 27%。

2．养成了好的学习习惯，有好的学习方法并学习认真刻苦的学生有 10 人，占进步人数的 34%。

3．在班上排名较靠后，为了改变自己的名次，努力学习的学生有 9 人，占进步人数的 31%。

4．这次考试带一定偶然性的有 2 名学生，占 6.8%。

（三）分析退步的原因

此次考试有 27 人与上次考试相比较退步了，约占全班人数的 48%。经过分析，原因如下：

1．正常浮动。一般我们把学生考试结果上下浮动 5 个名次看成一种正常现象，这种情况的学生有 9 人，占退步人数的 33%。

2．学习习惯一贯不好，学习不刻苦，特别是在听课、作业这两个环节上存在问题的学生 6 人，占退步人数的 11%。

3．因骄傲自满而导致失败的学生有 7 人，占退步人数的 26%。

4．学习方法有问题，学习时间安排不当，只注意做难题而忽视了基础的学生 8 人，占退步人数的 27%。

实践证明，经过以上三个方面向家长介绍全班学习情况，对学生进步和退步原因向家长做一个全面的分析，家长对自己孩子的学习情况有一个较客观的认识，对孩子的进步很有帮助。

## 三、家长怎样参加家长会

学校的家长会每学期至少召开 12 次，时间多安排在学期初或期中、期末考试前后。家长会的目的是学校、班级与家长互通信息，交流学校、家庭教育的情况，促进双方教育力量的配合，使学生更好地成长。成功的家长会，需要学校领导、年级组长、班主任、学生干部与家长的共同努力。但是，由于班主任的工作方式、工作水平以及其他的因素，对部分家长来说，有的家长会可能成为告状会、批评会，从而达不到应有的目的。这里，我们从家长的角度，谈谈应该怎样对待、参加家长会。

（一）有所准备

家长参加家长会，应该有所准备。一种准备是尽可能多地了解孩子本身以及班级的情况。家长平时要多跟孩子沟通，了解孩子在学校的表现，如学习状况、组织纪律状况、与同学交往的状况，以及与老师的关系等。要了解真实情况，不能采取简单问话的方式，年龄大的孩子不愿意回答家长的询问，尽量在自然状态下平等地聊天。家长平和的态度很重要，有的家长总以“审问”的口吻问孩子问题，孩子表示厌烦。孩子的同学到家里来，也是从侧面了解情况的机会。还要注意，不能只了解学习方面的情况，对各方面的情况都应感兴趣，在脑子里进行梳理。家长了解了情况，在家长会上听学校领导、班主任讲话时就能做到心中有数，可以进行对照分析，掌握更全面的信息，从而对自己孩子的情况有比较准确的把握。这是跟班主任、孩子交流的基础。

另一种准备是心理准备。家长要在心理上准备听到班主任对孩子、对自己的表扬、批评甚至可能出现的责备。由于事先已经了解了情况，有哪种可能是可以估计到的。有了心理准备，心里会比较镇静。

（二）认真沟通

一般的家长会上，除了学校领导、班主任讲话之外，有时任课教师或学生也汇报一些情况。会前和会后，每位家长都有机会跟班主任沟通。班主任重点找一些家长，往往是“两头”的学生。班主任不找你，你应主动找班主任。在与班主任沟通时，要尊重教师，尽可能准确地、实事求是地谈孩子的情况，要听取教师的指导性意见。有关学习的问题需要跟任课教师沟通的，主动找任课教师。沟通过程中，要努力弄清孩子的优点与不足，与教师一起分析原因、寻找时策。

有的学校开家长会，允许学生参加，家长与教师沟通时，学生可以在场发表意见，日本学校管这种方式叫“相谈”。“相谈”也可以安排在家长会以外的时间进行，这是一种很好的教育方式，建议教师可以采取这种方式。对于家长来说，应该做好充分的准备。

其实，平时家长有多种方式与班主任或任课教师联系，写信、通电话、发电子邮件、联系本，等等。经常性的联系很有必要，有了及时的沟通，才容易形成教育合力。

（三）冷静地采取教育措施

开完家长会，有的家长由于没有听到批评意见，就认为“平安无事”了。有的孩子“不争气”，教师对家长说了很多批评意见，家长心里憋着一肚子火，急于跟孩子发泄，训斥甚至打一顿的情况都可能出现。这些都不是正确的教育行为，应该避免。

家长会后，应该认真思考家长会的内容，理解学校和班主任的教育要求。不管孩子是受表扬，还是受批评，或者既没有表扬也没有批评，都要与家庭成员，包括孩子进行一次冷静的分析，找出孩子的努力方向和具体的措施；同时，对家长自身的教育行为进行反思，改善家庭教育；对孩子争取进步的计划进行修改、调整，如果原来没有计划，就此机会制订一个可行的进步计划。现在，许多地区使用“成长册”“成长日记”或“成长档案”。

总之，参加家长会要开动脑筋，尽量发挥家长会的积极作用。